踏遍宝鸡寻遗珍

——宝鸡市第三次全国文物普查工作纪实

宝鸡市文物普查队　编著

科学出版社

北京

图书在版编目（CIP）数据

踏遍宝鸡寻遗珍：宝鸡市第三次全国文物普查工作纪实／宝鸡市
文物普查队编著.—北京：科学出版社，2011
　ISBN 978-7-03-032878-6

　I.①踏…　Ⅱ.①宝…　Ⅲ.①文物－考古发现－宝鸡市
Ⅳ.①K872.413

中国版本图书馆CIP数据核字（2011）第243496号

责任编辑：李　茜／责任校对：李　影
责任印制：赵德静／装帧设计：北京美光制版有限公司

科 学 出 版 社 出版
北京东黄城根北街16号
邮政编码：100717
http://www.sciencep.com

北京彩虹伟业印刷有限公司 印刷
科学出版社发行　　各地新华书店经销

*

2011年12月第 一 版　　开本：889×1194 1/16
2011年12月第一次印刷　　印张：13 1/4
字数：360 000

定价：228.00元
（如有印装质量问题，我社负责调换）

宝鸡，古称陈仓，位于陕西关中西部，地处陕、甘、宁、川四省（区）结合部，辖凤翔、岐山、扶风、眉县、千阳、陇县、麟游、太白、凤县等九县和陈仓、渭滨、金台三区，面积1.82万平方公里，总人口376万。这里风光旖旎，人杰地灵，境内名胜众多，古文化遗迹遍布，是中华民族早期文明发达地区之一。

七千多年前，北首岭人在这里刀耕火种，点燃了文明的火种。五千多年前，从渭河的支流姜水，吟唱出了我们伟大民族的初音，中华民族的人文初祖——炎帝，就出生活动在这里。三千多年前，周人的祖先来到董荼如饴的周原，用他们的勤劳与智慧，浇铸出了"青铜器之乡"，而以"德"、"孝"为核心的礼乐文化，开启了后世民本思想的先河。从秦文公东猎陈仓起（前762年），在四个多世纪里，秦人活动的中心舞台就在今宝鸡地区一带。与周人一样，他们的发展足迹，也深埋在宝鸡这片黄土地中。刘邦明修栈道，暗度陈仓；诸葛亮北伐病逝岐山五丈原；隋唐帝王于麟游修建避暑行宫——仁寿宫、九成宫；唐代皇帝迎奉佛骨于扶风法门寺；张载讲学眉县横渠书院，

创立"关学"；吴璘、吴玠兄弟大战金兀术于大散关……这一幕幕历史剧，无不以宝鸡为舞台。

《诗·大雅·卷阿》有云："凤凰鸣矣，于彼高岗。"公元757年，唐肃宗为平安史之乱，西行到了陈仓，夜宿卧龙寺，听到凤凰的种种传说，也祈盼平叛成功，遂将陈仓改名为宝鸡。从此，御赐宝鸡这个地名历经千载而未变。

根据《国家"十一五"时期文化发展规划纲要》，国务院决定从2007年开始开展第三次全国文物普查，这是一项重大国情国力调查，是当前我国最大规模的文化遗产保护工程。

宝鸡市第三次文物普查从2007年4月开始，到2011年结束。普查分三个阶段，第一阶段从2007年4月至2007年12月，主要任务是成立各级文物普查领导小组和工作机构，制定普查实施方案和普查规范、技术标准，组织培训和试点；第二阶段从2008年1月至2009年12月，主要任务是逐县实地开展田野文物调查和信息数据采集登记工作；第三阶段是从2010年1月至2011年10月，主要任务是进行普查资料

的整理、汇总和总结。为了切实做好第三次全国文物普查工作，2007年9月，市政府成立了宝鸡市第三次全国文物普查领导小组，及时制定和下发了《关于开展第三次全国文物普查的实施意见》，制订了《宝鸡市第三次全国文物普查实施方案》。各县区也成立了相应的组织机构。

2007年12月12日至14日，宝鸡市文物局举办了第三次全国文物普查培训会，为全市第三次全国文物普查的田野调查工作奠定了良好的基础。2008年4月8日，宝鸡市第三次全国文物普查在眉县启动，田野实地调查全面铺开。

文物普查期间，得到了各级领导的关心和支持。陕西省文物局赵荣局长、刘云辉副局长先后多次来宝鸡，深入普查第一线，慰问和看望普查队员，指导普查工作。宝鸡市委常委、副市长、市文物普查领导小组组长孙毅亲自给普查队授旗，先后深入扶风、千阳县检查文物保护和文物普查工作。市文物局局长任周方同志多次深入县区看望慰问普查队员，传达有关文物普查会议精神。

各县区政府对普查工作高度重视。市文物普查队与各县区密切配合，积极联动。每个县都与市普查办联合召开动员启动会和总结验收会，广泛动员，充分发动，落实措施，夯实责任。各乡镇也能及时解决队员交通、食宿等具体问题，确保了工作的顺利开展。总结验收

后，普查队及时将普查资料移交县区文物部门，并对保护工作提出建议。普查队员坚持每到一个县区首先阅读地方文献有关当地历史沿革、行政建制、地形地貌、土壤气候、山脉水系、文物遗迹等内容，认真查阅1988年文物普查登记表及《中国文物地图集·陕西分册》中的有关内容及各乡镇区域地图，与县区文物普查办讨论工作方案，合理制订工作计划。普查开始后，普查队分成数个小组，下到乡镇，结合每个村落的分布、距离远近、地势的高低以及天气情况，进行合理安排，有效地保证了工作进度。

在田野调查中，普查队员坚持做到"勤动腿，多跑路；勤动手，多记录；勤动嘴，多打问；勤动眼，多观察；勤动脑，多思考"。就是要多跑路，确保行政村跑到率达到100%，自然村跑到率达到98%以上。多问群众，掌握更多的线索，记录更多的数据，采集更多的标本，确保资料的丰富性和完整性。用眼认真观察，用心仔细思考，举一反三，反复对比考证，弄清文物点的文化属性，确保数据和资料的准确性。

工作中，普查队员爱岗敬业、无私奉献，有的同志虽然年龄较大，有的还担任单位的领导职务，但他们以身作则，和年轻同志一起奋战在普查第一线，起早摸黑，从不喊苦叫累，以自己的实际行动弥补电脑知识的欠缺。年轻同志虚心上进，努力弥补自

己文物标本辨别方面的不足。在田野调查过程中，普查队员忍饥挨饿，带病工作，上高崖，钻土坑，过壕沟，爬山坡，饿了啃点干粮，累了就地休息一会儿。晚上顾不上休息，还要坚持把白天的普查资料按要求经过加工整理输入电脑。

宝鸡市第三次全国文物普查野外调查工作坚持以"科学发展观"为指导思想，以实事求是为基本原则，做到四个第一：要务第一多跑点，责任第一保平安，质量第一严把关，时间第一不拖延。从2008年4月8日开始，历时370多天，行政村踏查率100%，自然村踏查率98%，截至2009年10月20日顺利圆满地完成了12个县区的普查任务，共登记文物点5682处（最终数据以国家公布的数据为准），取得了丰硕成果和优异成绩，经省文物局专家组验收11个县区荣获优秀等级、1个县获良好等级。基本上摸清了全市田野文物的家底，为下一步的保护和利用打下了基础。

通过普查，取得了一批重大发现：渭滨区安底下前仰韶文化的陶盆、陶罐等残片的发现，对研究宝鸡地区前仰韶文化的内涵和分布有重要价值；麟游兰堡子发现的马家窑文化风格的宽而呈弧面状的器物口沿，是具有马家窑文化因素的仰韶文化的一个新类型；陈仓区桥镇遗址面积大，内涵丰富，其中龙山时期筒瓦、板瓦、槽型瓦等建筑材料的发现，把我国用瓦的历史提前到史前时

期，对研究中国古代建筑史有极其重要的意义；金台区蒋家庙西周时期城墙的发现意义十分重大；在扶风县的刘家北遗址，发现西周及战国时期的夯土遗迹和建筑材料，为深入研究周原地区的历史沿革增添了新资料；岐山县帖家河遗址夯土遗迹的发现，丰富了遗址的文化内涵，为研究关中西部西周聚落的分布提供了重要的考古资料；千阳县南寨镇尚家岭战国秦汉行宫遗址规模大，内涵丰富，对研究宝鸡地区战国秦汉时期的行宫布局、建筑材料等有重要价值；凤翔县的下塔陵遗址发现建筑材料和大范围的夯土，为研究先秦时期的建筑及秦都雍城的规划布局、城郊宫殿分布，提供了重要的考古资料；陇县牙科乡磨儿原城址遗迹布局保存比较完整，遗存丰富，填补了宝鸡地区汉代城址的空白；凤县的杨家河栈道遗址，遗存跨度较长，栈桥、栈道遗迹明显，丰富了秦岭山中古代交通路网的分布范围，对研究秦岭道路史提供了实物依据；太白县杜家庄公议分认遗粮碑，在宝鸡地区属首次发现，对研究清末税务征收管理制度有一定史料价值。

由于领导重视、机构健全、经费到位、工作认真、宣传广泛、效果显著，宝鸡市文物普查工作受到了国家文物局普查办和省市领导的充分肯定。2008年10月22日，省文物普查办公室第20期简报，向全省推广了"宝鸡经验"。"宝鸡经验"总结为以下三点：

一是凝聚人心。市文物普查办和普查队领导身先士卒，处处为工作和队员着想，普查队员在艰苦条件下无声地自觉地努力工作。在困难面前，大家靠事业心凝聚在了一起。二是互相品评。普查期间，队长巡回指导，发现问题，及时改正。田野普查结束，资料整理阶段，大家聚集在一起，互相品评，互相学习，最终表格填写质量大有提高。三是集体辨认标本。将标本依次陈列出来，让大家一起辨认和识别，确定年代。这样集思广益，队员之间相互学习，相互得到了提高。2008年12月24日，国家第三次全国文物普查办公室副主任刘小和来宝鸡市调研文物普查工作时，对宝鸡文物普查工作以较高的质量和较快的速度推进给予充分的肯定。

文物普查工作启动以来，得到了宝鸡市各级政府的高度重视和广大干部群众的积极支持与参与，也引起了新闻媒体的极大关注。近两年来，在汉唐网发表普查信息100余条，编发《普查工作简报》38期，新华社、中央电视台、中国文物报、陕西电视台、宝鸡日报、宝鸡电视台、宝鸡电台、宝鸡新闻网密切追踪报道普查动态和重要发现，先后刊发播出稿件100余篇。其中千阳县尚家岭发现战国秦汉行宫遗址的消息在中央电视台新闻频道播出。《中国文物报》专文介绍了宝鸡文物普查的经验。2008年8月11日《宝鸡日报》整版刊出《宝鸡在寻宝》。2010年1月15日《宝鸡日报》整版刊登《宝鸡文物家族大扩容》的长篇通讯，全面反映了正在进行的文物普查所取得的辉煌成果、普查队员栉风沐雨、风餐露宿的艰苦工作片段，以及广大干部群众对文物普查的热情支持和强烈的文物保护意识。报道刊发后，引起了社会各界对第三次全国文物普查和文物保护工作的广泛关注，为文物普查和文物保护工作营造了良好的舆论氛围和社会环境。可以说，文物普查队是宣传队，也是播种机，宣传了文物保护法规和政策，普及了文物知识，播下了文物保护的种子。

在陕西省文物局的大力支持下，在宝鸡市委、市政府的正确领导下，在各县区及乡镇政府的密切配合下，宝鸡市第三次全国文物田野调查任务于2009年10月20日圆满完成。

第三次全国文物普查是确保国家历史文化遗产安全的重要措施，也是提升宝鸡市文化软实力、建设文化旅游名市的一项基础性工作。在田野文物普查中，普查队员们栉风沐雨，风餐露宿，历经千辛万苦，跑遍了宝鸡市的山山水水，村村寨寨，取得了丰硕的成果，也涌现出了许多可歌可泣的感人事迹。为了充分展现宝鸡市第三次全国文物普查成果，弘扬文物人的科学求实、团结协作、吃苦耐劳精神，展示文物普查过程及普查成果，我们编辑了《踏遍宝鸡寻遗珍》图册。

［目］录

摸清家底

文物是不可再生的文化资源。第三次全国文物普查是国情国力调查的重要组成部分，是确保国家历史文化遗产安全的重要措施，是我国文化遗产保护的重要基础工作。

开展文物普查，是为了全面掌握不可移动文物的数量、分布、特征、保存现状、环境状况等基本情况，摸清家底，为准确判断文物保护形势、科学制定文物保护政策和规划提供依据。

秀丽宝鸡

▼ 宝鸡市区

▲ 渭河宝鸡峡口

▶ 秦岭主峰太白山

◀ 凤翔东湖

▲ 日出

► 雨后

▼ 山川换装

▲ 北首岭遗址出土的网纹船型壶

北首岭遗址

北首岭遗址位于宝鸡市金陵河西岸的二阶台地上，为新石器时代仰韶文化遗址。现为全国重点文物保护单位。

从 1958 年 8 月到 1978 年 6 月，中国科学院考古研究所先后对北首岭遗址进行了 7 次发掘，发掘面积 4727 平方米，发现墓葬 500 余座、房屋基址 50 余处。出土生产工具、生活用具等遗物 6000 余件。其中鸟衔鱼纹壶、网纹船形壶、陶塑人头像等，成为反映这一时期彩陶艺术的经典之作。

北首岭早期遗存上承老官台文化之末，下启仰韶文化之端，年代距今约 7000 年左右。该遗址的发掘揭示了仰韶文化早期阶段的面貌及变化脉络，为研究仰韶文化的起源和聚落布局等提供了重要的考古资料。

杨家村遗址

杨家村遗址位于眉县马家镇杨家村北台塬坡地上，是新石器时代至西周时期的古文化遗存。现为全国重点文物保护单位。

从 20 世纪 50 年代起，这里陆续有新石器时代陶器及西周青铜器出土。2003 年 1 月 19 日发现的西周青铜器窖藏，出土 27 件青铜器，件件有铭文，其中的逨盘铭文达 372 字，是新中国成立以来发现的西周青铜器铭文最长的 1 件，首次看到了周代人记录的西周王室世系，其世系顺序与《史记·周本纪》全然一致。这不仅为研究西周的历史文化提供了重要实物资料，也为西周宣王时期青铜器的分期断代建立了标尺。

▲ 杨家村西周青铜器窖藏

凤凰山遗址

凤凰山遗址位于岐山县城西北6公里处的凤凰山南麓，属仰韶至西周时期遗址，尤以西周遗存最为重要。现为全国重点文物保护单位。

这里发现周代高等级贵族大型墓葬22座及数百座中小型墓葬；此外还发现了环绕高等级贵族墓地的夯筑墙址；还出土西周时期的卜甲700余片，发现可辨识文字400多个，其中"周公"、"新邑"字样为首次发现。

该遗址所在地属周人发祥地周原的一部分，周代于此发生过许多重大事件，奠定了西周数百年的统治基础，在中国历史上具有重要地位。

▲ 凤凰山遗址

周原遗址

周原遗址位于岐山、扶风两县交界处，是自周太王迁居岐下，至周文王迁都沣京期间的周都所在地。现为全国重点文物保护单位。

周人迁都丰镐以后，周原仍是其政治、经济、文化活动的中心之一，留下了极为丰富的文化遗存遗物。从西汉宣帝神爵四年（前58年），这一带就开始发现西周青铜器，此后各代，不断有重要青铜器出土，如大盂鼎、小盂鼎、大克鼎、毛公鼎等。

1976年以来，中国社会科学院、北京大学、西北大学、陕西省考古研究所等单位先后进行了多次发掘，发现多处城墙、宫殿和宗庙基址及墓葬、窖藏、作坊等重要遗迹，出土了大量青铜器、陶器、玉器、甲骨等珍贵文物。周原遗址被称为研究西周历史的地下宝库。

▲ 周原凤雏建筑基址

秦雍城遗址

秦雍城遗址位于凤翔县城南,是秦国历史上极为重要的一座都城遗址。现为全国重点文物保护单位。

秦自德公元年(前677年)初居雍城,至秦孝公十二年(前350年)迁都咸阳,雍城作为秦的国都,时间长达328年,是秦国历史上建都时间最长的都城,也是当时发达的大都市之一。雍城遗址分为城址区、国人墓葬区、秦公陵园区和郊外离宫别馆区四个部分。其文化内涵极为丰富,为研究先秦都市乃至中国古代城市建制提供了重要资料。

雍城曾留下了许多的历史故事:一代枭雄秦穆公称霸西戎;一代名相百里奚由身份卑微的奴隶传奇般地成为秦国丞相;千古一帝秦始皇在雍城举行成人冠礼盛典,并一举粉碎长信侯嫪毐发动的军事政变等。

▲ 秦公一号大墓

法门寺

法门寺位于扶风县法门镇,相传建于东汉,因供奉佛指舍利和高筑真身宝塔而闻名于世,素有"关中塔庙始祖"之称。法门寺遗址现为全国重点文物保护单位。

法门寺原名阿育王寺。618年,唐高祖李渊赐名为"法门寺",先后有高宗、武则天、中宗、肃宗、德宗、宪宗、懿宗、僖宗等八位皇帝六次开启法门寺地宫,迎奉佛骨至京城长安、东都洛阳的皇宫供养。宋、元以后,法门寺逐渐由盛转衰。

1981年法门寺真身宝塔坍塌。1987年考古工作者拆除残塔,清理塔基时,在法门寺唐代地宫发现唐皇室供奉的大批金银器、琉璃器、瓷器等珍贵文物和佛指舍利,轰动国内外。

▲ 法门寺

▲ 法门寺地宫

隋仁寿宫唐九成宫遗址

　　九成宫遗址位于麟游县城区，是隋唐时期帝王的避暑离宫遗址。现为全国重点文物保护单位。

　　九成宫始建于隋开皇十三年（593年），离宫初名"仁寿宫"，随隋王朝的衰落而荒废。唐贞观五年（631年）李世民下诏修复仁寿宫，增筑禁苑、武库等，并更名为"九成宫"。唐永徽二年（651年），唐高宗李治又更名为"万年宫"。唐文宗开成元年（836年）毁于暴雨引发的洪水和泥石流。

　　九成宫以其富丽堂皇的宫殿建筑、引人入胜的山水胜景、凉爽宜人的气候，吸引了隋唐两朝四帝二十一次频频驾幸。虽经一千多年逐渐颓坏，但地上地下仍留有大量珍贵文物遗存，如一代楷书宗师欧阳询书写的九成宫醴泉铭碑、唐高宗李治御撰御书的万年宫铭碑等。

▲ 唐九成宫遗址

慈善寺石窟

　　慈善寺位于麟游县东南漆水河西岸，始建于隋仁寿年间，是隋、唐两朝皇帝来九成宫避暑礼佛而建的皇家石窟寺院。现为全国重点文物保护单位。

　　慈善寺共有3大窟17龛，佛、菩萨、弟子共计47尊。其中一窟中的"敬福经"是全国唯一保存完整的世俗佛经，而窟内主佛与洛阳龙门奉先寺卢舍那大佛一样，开始有了武则天的身影。

　　慈善寺石窟造像丰满圆润，刀法洗练，代表了隋唐时期佛造像的最高艺术水平，是隋唐时期佛教造像的典范，它的建筑和雕刻样式曾是当时建造石窟的范本，为研究唐代宗教和文化艺术等提供了珍贵的实物资料，是隋唐佛教石刻艺术的不朽杰作。

▲ 慈善寺石窟

杨珣碑

杨珣碑位于扶风县法门镇石碑村，唐天宝十二年（753 年）立。现为全国重点文物保护单位。

杨珣（666 年～717 年）字仲珣，弘农华阴人，随父南迁巴蜀，曾任玄武县令，死在任上。因侄女杨玉环封为贵妃而被唐玄宗李隆基追谥为郡太守、兵部尚书。

碑通高 6.67 米，其中额高 2.13、身高 3.8、厚 0.65、宽 2.19 米。太子李亨篆额："弘农先贤积庆之碑"。碑文为玄宗皇帝 68 岁时御书，书体为八分隶书。唐玄宗真迹流传下来的极少，此碑保存至今更显得弥足珍贵。该碑对于了解大唐王朝门阀贵族杨氏家族历史、杨氏与李唐王朝间的关系、盛唐时期的历史文化及书法艺术，都具有重要价值。

▲ 杨珣碑

周公庙

周公庙位于岐山县城西北的凤凰山南麓，即《诗经·大雅·卷阿》描述的"凤凰鸣矣，于彼高岗"处，是唐武德元年（618 年）为纪念西周政治家周公姬旦而修建的祠庙。现为全国重点文物保护单位。

周公姬旦，周文王之子，曾协助武王灭商建周，辅佐成王东征平叛，制礼作乐，封邦安国，是我国古代杰出的政治家、军事家和思想家。周公庙自创建以来，经宋、元、明清历代修葺扩建，现形成了以周三公（周公、召公、太公）献、正殿为主体，姜嫄、后稷殿为辅，亭、台、楼阁点缀辉映的古建筑群。

周公庙历史久远，庙宇肃穆，古木苍翠，浓荫蔽日，是旅游观光和凭古抒怀的圣地。

▲ 周公庙山门

▲ 扶风城隍庙

扶风城隍庙

扶风城隍庙位于扶风县城东大街，始建于明洪武三年（1370年），是关中西部现存较完整的明清时期古建筑群之一。现为全国重点文物保护单位。

城隍为城池守护神，源于周代腊月举行祭祀的八神之一"水庸"。据说城隍神"公忠正直，有求必应，剪恶除凶，护国保民"。所以凡有城池处，都建有城隍庙。

扶风城隍庙由戏楼、山门、牌坊、钟鼓楼、东西配殿、献殿、正殿及寝殿等组成，占地6668平方米。整个建筑依次分布在南北高差达13米的台地上，以南北中轴线东西对称布局，主要建筑均位于中轴线上，布局主次分明，疏密有致，对研究陕西西部明清时期的古建筑具有重要价值。

太平寺塔

太平寺塔位于岐山县县城西端原太平寺旧址内，因建于太平寺内而得名。现为全国重点文物保护单位。

始建于北宋元祐三年（1088年），历代虽然屡有修葺，但原貌并未改变。塔身砖砌，为八角九层仿木楼阁结构，高三十多米。自第二层起，塔身都有栏杆及棂窗等雕饰，十分繁复。檐下均饰以五铺作出双抄的斗拱。第二层塔身下设有平座，以上各层只有假平座。整个塔身都有砖雕饰件，特别是每层塔檐都有用砖雕叠出的斗栱，飞橡和屋檐滴水装饰。

由于整个塔身斗拱繁密，显得特别秀丽、端庄。该塔艺术精巧，系关中地区现存标准的宋塔之一。

▲ 太平寺塔

张载祠

张载祠位于眉县横渠镇，为纪念我国北宋著名的思想家、哲学家、教育家、"关学"创始人张载而建。现为陕西省文物保护单位。

张载祠前身为崇寿院，张载年少时在此读书，晚年隐居后一直兴馆设教于此。他去世后，人们为了纪念他，将"崇寿院"改名为"横渠书院"。元代元贞元年（1295年）开始在横渠书院旧址上修建张载祠。元代泰定三年（1326年）在张载祠内恢复横渠书院，形成"前书院后祠堂"式格局。

祠内存有北宋以来文人墨客留下的石碑50余通，清康熙皇帝御赐"学达性天"木匾一块。大殿内张载塑像和壁画生动地刻画了张载"为天地立心，为生民立命，为往圣继绝学，为万世开太平"的胸襟和抱负。

▼ 张载祠

龙门洞

龙门洞古名灵仙岩，位于陇县县城西北35公里陇山支脉景福山上，海拔1800米，是宝鸡著名的风景名胜区之一。现为陕西省文物保护单位。

龙门洞系道教名山，历史悠久。道观始于春秋，建于汉代。相传周大夫尹喜曾弃职归山，隐居于灵仙岩龙门石室。宋金时期，道士丘处机于孝宗淳熙七年（1180年），从宝鸡磻溪赴陇，栖居景福山七年，在此创立了道教（全真教）"龙门派"，故称"龙门洞"。

龙门洞"居群山之中，左温溪，右龙门，前清流，后疏林，千峰竞秀，万壑争流，为关中奇观。"主峰山岩宛如手掌微伸，大小岩洞和古建殿宇点缀于岩崖凹处，洞满崖间，下临深渊，素以玄险称著。

▲ 龙门洞

钓鱼台

▲ 钓鱼台

钓鱼台位于宝鸡市陈仓区天王镇伐鱼河山口，相传为商末姜子牙隐居垂钓被周文王访请之处。现为陕西省文物保护单位。

钓鱼台汉代已建有文王庙，唐贞观年间始建太公庙。自唐上元元年（760年）封姜太公为武成王后，钓鱼台的名声大震，以后各代均在此广修庙宇。明清以来先后修建有文王庙、三清殿、王母宫、玉皇庙等大小庙宇二十余处，六十余间，形成了一个比较完整的古建群。

钓鱼台还有璜石题刻、姜太公跪钓石等遗迹与遗物。"任凭风浪起，稳坐钓鱼台"、"宁可直中取，不可曲中求。不为锦麟设，专钓王与侯"等典章名句均源于此，它是融人文与自然景观于一体的旅游胜地。

金台观

▲ 金台观

金台观坐落于宝鸡市金台区北坡陵塬东南角的山腰之上，创建于元代末年，明初著名道人张三丰曾在此修身传道。现为陕西省文物保护单位。

金台观建筑总体布局依山就势，主要建筑沿中轴线排列，左右对称，错落有致，建筑精雕细刻，巧夺天工，是宝鸡市城区内唯一现存完整的古建筑群，也是最富北方特色的窑洞式加古建风格的著名道观。建于明代的玉皇阁，飞檐高挑，红柱绿瓦，流光溢彩，被誉为宝鸡八景之一，有"金阁流霞"之美称。

1939年，民国政府陕西第九督察专员公署进驻金台观。1949年，陕甘宁边区宝鸡专员公署在金台观办公。1956年，宝鸡历史文物陈列室在金台观组建。1958年，宝鸡市博物馆在金台观成立。现为宝鸡市道教协会所在地。

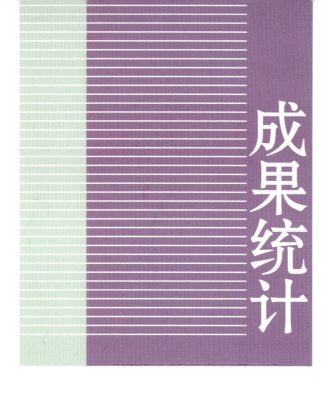

成果统计

全市田野调查工作共登记文物点 5682 处（此数据是田野调查结束后的数据，未经整理），其中古遗址 2111 处、古墓葬 811 处、古建筑 298 处、石窟 94 处、石刻类 1351 处、近现代重要史迹 263 处、近现代代表性建筑 242 处、其他 512 处，消失文物点 240 处。本次文物普查在原有 2477 处文物点的基础上新发现了 3445 处文物点，在这里我们按特大发现、重大发现、重要发现、重要标本、重要文化遗产景点等分别简要介绍如下。

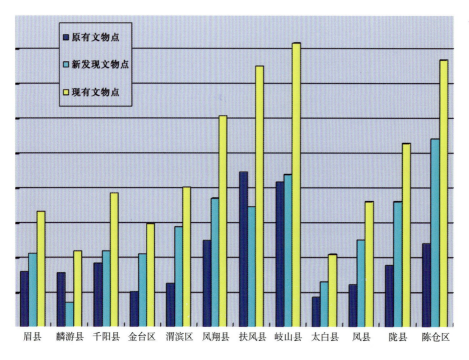

◀ 宝鸡市第三次全国文物普查县区文物点柱形图（以开展文物普查的时间为序）

图例：
- 原有文物点
- 新发现文物点
- 现有文物点

眉县　麟游县　千阳县　金台区　渭滨区　凤翔县　扶风县　岐山县　太白县　凤县　陇县　陈仓区

宝鸡市第三次全国文物普查现有文物点统计表

地区	古遗址									古墓群						古建筑			石窟寺		石刻						近现代史迹		近现代建筑		其他	总计
	新石器时代	夏商周	东周	秦汉	三国~南北朝	隋唐	宋元	明清	不详	商~汉	三国~南北朝	隋唐	宋元	明清~近现代	不详	汉唐~宋元	明清~民国	不详	南北朝~隋唐	不详	南北朝	隋唐	宋元	明清	民国(近现代)	不详	中华民国	中华人民共和国	中华民国	中华人民共和国		
陈仓区	125	24	14	9		6	6	42	4	68	8	4	22	2		18	38		14	2	1	4		163	12		5	29	6	59	83	768
凤县	27	2	1	10		4	10	29	45	9	4	8	2	45		28	2		2				1	36	9			36	2	2	47	361
凤翔县	93	18	42	44	3	2	12	19		93		17	3	6	1	1	21		3			2	1	149	11		1	25		17	24	608
扶风县	90	104	4	42		1	7	23	10	78	4	10	5	29	4	3	30					5	10	17	199	7	4	15	5	6	38	750
金台区	39	10		3		2	1	8		17		1		3		10	14			4		23		48	9	4		19		25	51	297
麟游县	69	16		16		12	18	13	2	11	1	8		1		12	5	1		1			6	11	3	4		3	1	2	2	220
陇县	79	16	7	26		7	6	33	21	63	11	3	16	2		25	1			1		2	3	113	18	2	7	13	5	11	39	529
眉县	54	11		30		6	6	29		38		2	2	1		22	1			1			1	53				10		10	49	333
岐山县	144	66	6	36		5	26	34	1	78	1	7	2	24	3	61	7			1			5	152	28		10	35	2	2	68	817
千阳县	87	16		19		6	5	51	2	11	3	1	5	2		17	1			1				36			5	15		41	55	386
太白县	4	3		1	1	1	5	32	40					23			11		6	1				51	1		4	2		5	2	210
渭滨区	77	7		4		1	5	9		30				1		7	13	1		6		1	2	84	12	29		24		46	44	403
	888	293	74	240	6	59	123	309	119	499	10	72	34	176	20	26	272		64	30	2	43	32	913	307	54	34	229	20	222	512	5682
合计	2111									811						298			94		1351						263		242		512	5682

宝鸡市第三次全国文物普查新发现文物点统计表

地区	古遗址									古墓群						古建筑			石窟寺		石刻						近现代史迹		近现代建筑		其他	总计
	新石器时代	夏商周	东周	秦汉	三国~南北朝	隋唐	宋元	明清	不详	商~汉	三国~南北朝	隋唐	宋元	明清~近现代	不详	汉唐~宋元	明清~民国	不详	南北朝~隋唐	不详	南北朝	隋唐	宋元	明清	民国(近现代)	不详	中华民国	中华人民共和国	中华民国	中华人民共和国		
陈仓区	38	7	2	3		4	2	28	3	48	5	3	17	1		16			24	10	2		1	141	11		4	29	6	59	76	541
凤县	4	1		3		4	4	27	32	4	1			34		18	1	1		1			1	23	5			36	1	2	46	252
凤翔县	23	4	13	18	2		7	16		52		6		2	1	1	17	2		3			1	144	10			25		16	10	371
扶风县	16	22	1	15		3	5	6		18			2	15	1		15				1	4	6	169	5		2	14		20	20	347
金台区	1	3					6		8	2			1			9	11	1		1		23		48	7	3		19		25	43	211
麟游县	11	4	2			3	6	10	2	6	1			3		4				1			1	10		4		1		1	3	72
陇县	23	7	4	10		6	4	32	21	45	5		7	2		13	1			1		1	92	17	1		6	13	5	11	34	361
眉县	18	7		20	3		5	15	2	29		2		1		12							49					8		9	29	212
岐山县	22	23	3	7			7	24		57			1	20		1	39					4	102	32		7	35	2		34	439
千阳县	8	1	6		1	2	2	34	2	7				2		11					1	29					6		55	51	219
太白县	3	1			1	2	14	14		1	16			2		5						40			5		4			2	11	131
渭滨区	14	1		6		1	2	3		13			1			13	4						112				23			36	60	289
	181	81	31	82	6	24	52	209	76	290	4	28	7	114	12	13	140		72	14		83		910	95	15	19	214	18	220	417	3445
合计	742									455						153			86		1121						233		238		417	3445

宝鸡市第三次全国文物普查消失文物点统计表

地区	古遗址									古墓群						古建筑			石窟寺		石刻						近现代史迹		近现代建筑		其他	总计
	新石器时代	夏商周	东周	秦汉	三国~南北朝	隋唐	宋元	明清	不详	商~汉	三国~南北朝	隋唐	宋元	明清~近现代	不详	汉唐~宋元	明清~民国	不详	南北朝~隋唐	不详	南北朝	隋唐	宋元	明清	民国(近现代)	不详	中华民国	中华人民共和国	中华民国	中华人民共和国		
陈仓区	3	3																				1		7								14
凤县	1	1	1				1	2						1								4		3								14
凤翔县	3		2							1													5	2								13
扶风县	1	3												1								4	1	27							3	43
金台区	4	3	1							2																						17
麟游县	1													1		1	1		1			3	1			1						9
陇县	1		1	1	2									2																		11
眉县	4		2					1	10					7								5		1		2					5	39
岐山县	1	1					1															24	1								3	40
千阳县	4			1										2								2										17
太白县						3																	3								2	11
渭滨区	5													4									3									12
	28	12	6	5			1	2	6	4	1		7			3	20		9	1		10	3	83	3	2		3			13	240
合计	64									26						23			10		101						3				13	240

特大发现

桥镇遗址——发现"龙山筒瓦"

桥镇遗址位于陈仓区桥镇镇桥镇村，属新石器时代龙山文化遗址。龙山时期筒瓦的发现，把我国用瓦历史从已知的西周时期至少提前了一千年，堪称"华夏第一瓦"，为研究中国建筑材料史提供了极其重要的实物资料，也许宝鸡就是中国砖瓦的发明地。

▼ 桥镇遗址远眺

▲ 遗址地层中的筒瓦：残长 26、直径 12、壁厚 1.2 厘米

▼ 筒瓦（正背面）

▼ 现场调查

重大发现

兰堡子仰韶文化遗址

　　兰堡子遗址位于麟游县河西乡三义村兰堡子，毗邻甘肃灵台，文化内涵丰富，时代特征明显，属新石器时代仰韶文化遗址，可能是具有马家窑文化因素的仰韶文化的一个新类型。

▼ 兰堡子遗址远眺

▲ 锥形灰坑（窖穴）

▲ 口沿上饰有黑彩弧线纹图案，具有浓厚的马家窑文化风格

▼ 采集到的口沿残片大多特别宽，而且沿面呈内凹弧状

蔡家河城址

◀ 蔡家河城址位于麟游县蔡家河村西北 300 米处的杜水河北岸二、三级台地上,地势西北高、东南低,呈缓坡状。东为断崖,断崖下为蔡子沟河,西为台塬,北至山顶

▶ 在城址西北端发现有一座陶窑打破城墙,陶窑直径 1.3、残高 1 米,在陶窑内采集有龙山文化的陶罐残片。据此推测该城址时代不晚于龙山文化,可能是关中地区目前发现时代最早的城址

▼ 残存城墙东西长约 100、宽 6、残高 1.7 米,依断崖而建,为东南—西北走向,间有中断

▲ 蒋家庙城址远眺

▲ 夯 土

蒋家庙城址

　　蒋家庙城址位于金台区金河乡石桥村蒋家庙西20米金陵河西岸山坡阶地上，坐西面东，地势西高东低，地形为河岸阶地。城址北临石桥沟，东抵金陵河畔，西至陵塬塬顶，平面呈梯形，西墙长135米，北墙约1300米，南墙长约820米，东墙长约1100米，周长约3350米，面积约40万平方米。其时代为西周时期。

▶ 红线所示为城墙范围

◀ 遗址堆积情况

▶ 采集到春秋时期槽形板瓦、筒瓦及半瓦当残片。半瓦当，内素面，当面中心的同心圆之间，有绳纹半圆形带状图案；槽形板瓦内外饰绳纹

傅家涧遗址

▼ 傅家涧遗址位于凤翔县长青镇高咀头村傅家涧北千河东岸二级阶地上，是凤翔县境内千河流域比较重要的春秋时期遗存，可能是一处春秋时期雍城郊外宫殿建筑遗址，为研究凤翔县先秦文化的分布和内涵提供了重要的考古资料

下塔陵遗址

◀ 下塔陵遗址位于凤翔县城关镇下塔陵村北

◀ 在遗址西北部取土场中的断崖上发现夯土层,夯层厚约0.04～0.06米,夯窝为圆形,直径0.05～0.06米,地表散落有大量战国和汉代的砖、板瓦、筒瓦、瓦当等残片

▲ 北京大学赵化成教授(右四)、国家博物馆信立祥教授(右五)、西北大学赵丛苍教授(左七)在下塔陵遗址和普查队员留影

▲ 下塔陵遗址位于雍城西北郊区,分布面积大,时代特征明显,内涵丰富,是凤翔县新发现的一处重要的战国至汉代城郊宫殿建筑遗址,对研究雍城的总体格局和城郊宫殿建筑的分布具有重要的意义

尚家岭战国行宫遗址

▲ 尚家岭遗址位于千阳县南寨镇冯家堡村尚家岭南的台塬边

▼ 在村民家中见到遗址区域内出土的陶管，形制、大小基本一致。泥质灰陶，外饰斜绳纹，内壁有泥条盘筑痕迹。长 0.67、外径 0.3、内径 0.16、壁厚 0.07 米

▼ 遗址北部断面上暴露有夯土，长约 23 米，高约 0.9～1.5 米。采用平夯，土质坚硬，夯层厚 0.05 米。地表堆积有大量板瓦、筒瓦、空心砖残片。采集有战国时期板瓦、筒瓦、空心砖等残片

◀ 尚家岭遗址有夯土，有陶水管，有通高约 1.5、径约 1.1、壁厚约 0.03 米的陶仓，出土时陶仓与陶水管又连接在一起。壁厚达 0.07 米的陶管在宝鸡地区仅见。遗址发现夯土、厚壁陶管、储水用器，自然又与宫室（行宫）联系了起来。该遗址规模大，内涵丰富，是千阳地区罕见的战国行宫遗址，对研究宝鸡地区战国时期的行宫布局、建筑材料等有重要价值

▲ 桥头栈桥遗址

杨家河栈道遗址

　　杨家河栈道遗址位于凤县平木镇杨家河沿岸。从平木村至雷神庙约20公里的河道上发现有郭齐沟门、松树角、黑湾、桥头、黄家老庄、北坪等多处栈桥遗址。该栈道南接平木至江口栈道（西河栈道），向北经过杨河村、齐心村，沿杨家河北上，越过山梁进入嘉陵江支流东峪河河岸，最后与从宝鸡入蜀的故道相连，全长约40公里。

　　杨家河栈道遗址是从宝鸡至汉中较为便捷的路线，向南经过坪坎至江口与褒斜栈道连接，直达汉中。它的发现为研究宝鸡秦岭山区古交通网络的布局和交通、商贸等提供了重要实物资料。

▲ 杨家河故道平面示意图

◀ 黄家老庄栈桥遗址

晁峪西墓群

▲ 晁峪西墓群位于渭滨区晁峪乡晁峪村

▼ 在3～4米高的东西向断崖上暴露3座竖穴土圹墓，出土有3件圭形陶器残片，均为夹砂红褐陶，保存相对较好的1件近似长方形，一端略大，小端残缺，平面稍有弯曲。残长16、宽2.4～3.2、厚0.7～1.1厘米

▼ 该器形在宝鸡地区属首次发现，根据纹饰和陶质陶色判断，应该是仰韶文化遗物，也可能是前仰韶文化的遗物。该墓葬为研究新石器时代的埋葬习俗及随葬品等提供了新资料

▲ 造像为佛像

观音寺石造像

　　造像供奉于陇县东风镇老观窝村二组观音寺大殿内，共5尊，其中3尊佛造像，2尊菩萨造像。造像及座均为砂岩质，由北向南依次编为1～5号造像。

　　1号造像为菩萨像，坐北面南，通高1.9米，半跏趺坐于须弥座上，头戴花冠，两耳垂肩，右手下垂置身侧，左手抚膝，胸前佩璎珞，腰束带，着长裙，披肩绕臂下垂。背部铭文为"大明成化二十年（1484年）四月夏季／本寺住持□勤弗众明缘明玘／凤翔府陇州陇东乡凉／甫里兼峪沟居住奉／佛造像信士王兴吕氏／同共好善发心在于／本境观音寺彩造／背座观音一尊两边二／尊"。

　　4号造像为佛像，坐西面东，通高2.24米，结跏趺坐于须弥仰莲座之上，须弥台座腰部有力士像。造像螺髻，大耳，圆脸，颈部有三道蚕节纹，胸部有"万"字纹。外着大衣，内穿僧支祇，大衣上有披肩。双手相叠，置于胸前，为禅定印。造像及石座现已着色。

　　观音寺石造像造型准确，做工精细，线条流畅，形象生动，且有明确纪年，为明代佛造像的断代提供了标尺，对研究宝鸡地区明代佛教文化的传播及石刻艺术有重要价值。

▲ 造像为菩萨像

▼ 造像背部铭文　　　　　　　　　　　　　　　　　　　▼ 观音寺

重要发现

安底下遗址

安底下遗址位于渭滨区晁峪乡新安村安底下（自然村）东南约 30 米的晁峪河南岸二级台地上。在遗址北部断崖上暴露文化层，长约 25、厚 1.4 米。文化层土质较硬，呈紫红色，内含少量陶器残片。采集有前仰韶文化的陶盆、陶罐等残片。安底下遗址面积较大，时代特征明显，对研究宝鸡地区前仰韶文化的内涵和分布有重要价值。

▼ 安底下遗址

▼ 采集陶片

路平沟寨址

　　路平沟寨址位于太白县桃川镇路平沟村南约 1500 米处。墙垣系用片石和圆石堆砌而成，层层有收分，墙基宽约 6.5、高 1.5～5.5、墙顶宽约 1.4 米。唯在北侧设一个门道，宽约 2 米。在寨堡内东北角和西北角两处建有登城石踏步台阶，城内东西两侧沿城墙各有一个石砌水槽。这种以石头为原料修筑而成的寨堡在宝鸡地区尚属首次发现，对研究太白县乃至宝鸡地区清末到民国时期的寨堡建筑、社会治安状况等有重要的价值。

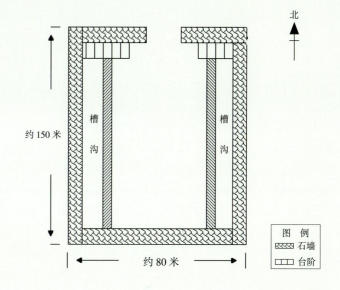

北

约 150 米

约 80 米

槽沟　　槽沟

图　例
石墙
台阶

▲ 路平沟寨址平面示意图

▼ 寨堡内东北角登城踏步

▲ 造纸作坊遗址

大沙沟造纸作坊遗址

　　大沙沟造纸作坊遗址位于太白县桃川镇店子上村大沙沟，面积约 15000 平方米。该遗址区内分布有制纸作坊所应有的基本设施和遗物，虽然地方史志没有相关记载，但是从这些相关遗迹遗物分析，此处应该是造纸作坊遗址。近代传统手工造纸作坊遗址的发现在宝鸡地区尚属首次，对研究太白县乃至宝鸡地区清代到民国时期手工作坊分布，特别是造纸工艺诸方面有重要参考价值。

▼ 碾盘题刻：道光乙未年（1835 年）
　　□□□黄　置

▼ 碾盘

马场窑址

位于双石铺镇马场村一组东约 50 米，面积约 1500 平方米。断崖上有文化层暴露，长约 15、厚约 1 米，内含大量瓷器残片，采集有青白釉、酱釉、酱红釉的碗、碟、罐等残片，还有托垫、匣钵等烧制瓷器的用具。

该窑址的时代为清代，瓷器风格与关中地区有明显差异，是宝鸡地区第三处制瓷作坊遗址，为宝鸡秦岭以南地区发现的唯一一处。

▼ 标本

▼ 现场调查

▼ 遗址堆积情况

"倒回沟"石拱桥

　　"倒回沟"石拱桥位于眉县营头镇街道村，倒回沟桥长 13、宽 3.4、高 6.3 米，跨度约 8 米。桥两端为山体，石拱依托桥基，桥基依托山体。在桥北的进林寺内，现存当年修筑石拱桥残碑一方，依据残碑断续记载推测，该石拱桥的建筑年代当为清代。

　　"倒回沟"石拱桥至今保存完好，既是眉县境内一处大型石拱桥，在宝鸡地区也比较少见。

▼ 倒回沟石拱桥

▼ 局部

郭家店摩崖石刻

　　郭家店摩崖石刻位于凤翔县姚家沟镇郭家店村，地处横水河（又名涧渠河）西岸的石崖顶部。有摩崖造像两处，题记一处。

　　造像龛均为长方形，1号龛高1.7、进深0.38、龛口宽1.33、龛内内宽1.2米。龛内雕凿三尊佛像，均为跏趺坐于双层仰莲座上。2号龛高宽1.3、高0.93、进深0.17米。龛内雕凿佛像两尊。摩崖题记是利用天然崖体，用阴线在平整的崖面上勾勒出石碑模样，题记共16行，满行28字，可辨有"……成化十一年（1475年）正月二十日起工……"。内容记述了佛龛开凿的缘由、年代、捐资人等。

　　该摩崖石刻保存完整，佛像雕刻细腻，纪年明确，是凤翔县规模最大，保存相对完整的摩崖石刻，对研究凤翔县佛教文化发展的历史和雕刻艺术有重要价值。

▼ 题刻

▲ 千佛碑　　　　　　　▲ 千佛碑局部

华严寺千佛碑

　　华严寺千佛碑位于扶风县南阳镇西权村华严寺（朱村寺）内。为砂岩质，碑首、碑座佚失，保留的碑身残为四块，经拼接后镶嵌树立。碑身长方形，残高 1.23、宽 0.8 米。碑的中上部有 1 方形龛，龛内 1 佛 2 菩萨，皆有背光。主佛结跏趺坐坐于圆台上，施禅定印。二菩萨站立于主佛两侧。方形龛外围刻佛龛，每行 30 龛，共 32 行。龛中小坐佛均结跏趺坐，施禅定印。华严寺千佛碑为研究扶风县北朝时期佛教文化及石刻造像的风格、艺术等方面提供了实物资料。

▼ 华严寺

蒿谷堆村"正风规事"碑

▲"正风规事"碑

蒿谷堆村"正风规事"碑位于太白县嘴头镇蒿谷堆村一小庙山墙前。碑文记述了招垦里六甲自设立集贸市场以来，乡民一直公平交易，无尔虞我诈、私抽税用等行为。近来市场交易中，出现经纪人随意定价、低买高卖、从中渔利等不正之风，为此全社民众在同治五年（1866 年），公议订立条规，规定今后粮食买卖，不得随意定价，要称平、斗满，不能有欺诈行为，违者要处罚；乡民杀猪卖肉，缴纳 100 文管理费用；牛马上市买卖，双方直接交易，不需用经纪人说和等规定，用以整治乡风。碑文记事清楚，条款分明，是清代晚期村民自治、管理市场的重要史料，目前在宝鸡地区尚属首次发现，对研究清代晚期商贸活动以及清代太白县行政区划、里、甲名称等方面均具有重要价值。

"公议分认遗粮"碑

▲"公议分认遗粮"碑

"公议分认遗粮"碑位于太白县桃川镇杜家庄小学西侧岳水宫寺庙内的正殿前檐下。清道光十一年（1832 年）秋立碑。叙述了岐山县桃川里五边甲有两户人家逃亡，遗留下钱粮税，长期拖欠，无法征收。为了解决这个问题，县令张贴告示，要求由现有十二户承担，为此，十二户人家公议，共同承担粮税。为了防止年久无凭据，十二家户头特刻石立碑为记，碑阴详尽记载每户承担粮税的数额。分摊逃亡人员赋税石碑档案资料在宝鸡地区尚属首次发现，对研究太白县乃至宝鸡地区清末社会状况，特别是税务征收管理等方面有一定史料价值。

安河寺裁决告示碑

安河寺裁决告示碑位于凤县河口镇安河寺院内。清道光十六年（1836年）立。记述了原陕安道孙飭裁决董光显等人状告地方摊派苛捐杂税一事，经审理后，没有告示于众人。新任官员复查案卷后，对原已审结的案件进行梳理，要求大家对集市交易按照以前旧有规章制度办事，并对原有规章制度重新做了说明。

一是规定对境内饲养、买卖家猪不是赢利性质的活动进行免税；二是规定对途经该地的官差不再负担马匹等费用；三是规定不准给地方增添负担和其他开支、借机摊派等；四是对社粮和烧酒等活动做了规定；五是说明了修理桥梁等事情。该碑是宝鸡地区首次发现的对已裁决案件进行刻石告示的碑石，为研究清代案件审理、集市交易规程等提供了实物资料。

▲ 裁决告示碑

青峰山买地契约碑

青峰山买地契约碑位于凤县双石铺镇草店村南的青峰山山腰。碑文为光绪五年（1879年），村民黄宗元因为其侄子去世，无钱安葬，故将山坡和土地以及房基、园圃等通过地媒、中间人等卖给青峰山宝德寺院的契约，田地应缴纳的税银也改由寺院承担。内容详细反映了寺院与周围群众的土地交易过程、四至和地价、税银等问题以及地媒人、中间人等，对研究宝鸡地区清代寺院的发展壮大过程、土地交易、田赋等方面提供了十分重要的实物资料。

▲ 买地契约碑

▲ 石狮

▲ 太白县林业工作站

"双盛恒号"石狮

　　"双盛恒号"石狮位于太白县林业工作站门前两侧，雌雄一对，砂岩质地。狮、座连体，蹲卧状，前腿略屈，尾巴翘起，张口龇牙、吐舌，双目圆鼓，卷涡状鬣毛，饰项铃，身躯壮实，狮身为旋纹，线条刻画清晰，造型逼真生动。雄狮居门右，左前肢踩有绣球。雌狮居门左，胸下爬有一幼狮。狮座正面均有楷书铭刻"山西绛州双盛恒号敬献大清光绪（1882年）八年二月吉日敬立"。有明确纪年、标有商号的石狮在宝鸡地区目前是首次发现。该石狮是清代光绪八年山西绛州"双盛恒号"为太白县山西会馆所敬献之物，在研究晋商在陕活动等方面具有重要价值。

▼ 题记：山西绛州／双盛恒号敬／献／大清
光绪八年（1882年）二／月吉日敬　立

▼ 雌狮胸下爬有一幼狮

"岐山东界"碑

岐山东界碑位于岐山县青化镇峪村后峪（自然村）三组的关帝庙前。石灰岩质，身首一体。通高 1.3、身宽 0.63、厚 0.22 米。龟座、首残，长 0.7、宽 0.63 米。碑身勒铭"岐山东界"四字，年款为"乾隆五十三年（1788 年）八月二十三日"。碑身雕刻拙朴，表面有风化现象，碑身左上部有裂纹，龟座前后残损。

分界碑在岐山县是第一次发现，在宝鸡地区是第三例，对研究岐山县清代中期县域分界等有重要价值。

▲ 岐山东界石碑所在地

▼ 岐山东界碑碑阳

刘家沟护林公约刻石

刘家沟护林公约刻石位于陈仓区刘家沟村一组（下庄自然村）南一土路旁，砂岩质，无座，为一块自然岩石，表面稍作打磨加工，光滑平整，周边不甚规整，上端稍薄，高 0.65、宽 0.43、厚 0.12～0.15 米。

石面阴刻楷书文字三行，自右向左竖排，内容为"通户立石禁止管林倘有人犯公罚猪酒"十六字，落款为"道光十五年（1835 年）立"。从内容分析，应为当地村民自立制定管护林木的公约，反映了村民自觉保护山林的意识，对研究清代晚期陈仓区西部山区村民自治管理山林等方面有一定的价值。

▼ 护林公约刻石

▼ 现场调查

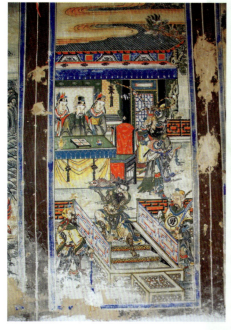

◀ 专诸刺王僚　　　　　　　　　　　　　　　▲ 西壁壁画

▲ 五圣庙　　　　　　　　　　　　　　　　　▲ 壁画局部

五圣庙壁画

　　五圣庙位于岐山县凤鸣镇太慈村一组，为一座民国时期砖木结构建筑。坐北向南，面阔一间，进深一间，面积约36平方米。硬山灰瓦顶，镂空莲花正脊。山墙为砖包土坯墙。南、北山墙内壁保留有绘制精美的民国壁画12屏，尺幅较大、内容丰富、画工精湛，对于研究民国时期民间绘画艺术具有较为重要的价值。

天台寺关帝殿壁画

　　天台寺关帝殿位于凤县红花铺镇红花铺村。两山墙内壁上绘有通景式壁画，内容为三国历史故事。壁画采用淡青金绘画技法，人物面部、服饰及兵器刃部采用凸现金属起彩等手法，立体感强，有较高的艺术价值，对于研究凤县民国时期民间壁画艺术的发展有较高价值。

▼南壁从上而下排列榜题有：庞统巧受连环计、玄德位进汉中王、七星坛诸葛祭风、献密计黄盖受刑、宴长江曹操赋诗、赵子龙单骑救主等

▼宴长江曹操赋诗

▲北壁从上而下排列榜题有：董太师酣斗小霸王、关圣人义释曹操、白门楼吕布殒命、屯土山关公约三事、博望坡军师初用兵、吕奉先辕门射戟、汉寿侯五关斩六将、张翼德大闹长坂坡等，此幅为关圣人义释曹操

▲天台寺关帝殿

▲ 三官庙佛堂

▲ 西壁壁画

三官庙佛堂壁画

　　三官庙佛堂位于扶风县太白乡三官庙村西杨村，坐北朝南，是用土坯垒砌券顶形成的窑洞式建筑，面积约 72 平方米。窑洞内东、西两侧墙壁上绘有壁画，可分为上下两区，上区主画面各有 3 幅，绘有封神演义、三国演义故事及人物、花卉；下区东西各有小方壁画 4 幅，内容为二十四孝故事；主画面两端各绘有 3 幅人物、花卉图案；顶部绘有祥云、龙纹、博古图及三官像（天官、地官、水官）。壁画线条流畅，人物神态自然，人物冠带等应体现金属的部位均用凸出画面的堆积方法绘制，增加了立体感。壁画内容丰富，画法独特，为研究民国时期扶风县宗教文化和绘画艺术的发展提供了实物资料。

▶ 壁画局部

重要标本

　　这一节主要介绍在本次普查中，新发现的一些不可识或不可辨其器型、或为寻找新的文化遗存提供重要线索的器物标本。

◀ 陈仓区县功镇白道沟
遗址人面头像标本

▲ 岐山县凤鸣镇张家河遗址采集的厚壁
尖底器残片，为泥质红褐陶，素面，
呈圆锥状，壁厚 2～3、残高 10 厘米，
为宝鸡地区首次发现，器型不可辩

◀ 凤翔高家河东遗址采集
的仰韶文化彩陶片，由
三个同心圆组成，外圈
两个同心圆之间用短线
相连。这种彩陶图案在
宝鸡地区为首次发现，
为研究新石器时代仰韶
文化的彩陶提供了新的
实物资料

◀ 凤翔县彪角镇杨家台遗址发
现的寺洼文化陶器残片

▲ 岐山县京当乡双庵遗址采集到 1 件陶
鬲的残片，质地为泥质灰陶，方形矮
柱足，足外侧表面线刻有几何图案，
残高 4 厘米，时代为西周，在宝鸡地
区是首次发现

▲ 岐山县五丈原镇徐家崖遗址采集的扁形尖锥状高领袋足高鬲足，时代大致相当于殷墟一期，是岐山县目前发现时代最早的姜戎文化遗物

▲ 陈仓区虢镇镇双碌碡遗址镂孔陶器标本，夹砂灰陶器物残片，较为特殊，外部抹光，两侧有宽约 1 厘米的镂孔三个，器型不可辨

▲ 岐山县凤鸣镇刘家底遗址采集的柱足残片，质地为夹砂红陶，圆柱形器足，高 9、直径 6 厘米，外饰绳纹，推测时代为西周，器型不可辨。这种器足在宝鸡地区是首次发现

▲ 岐山县凤鸣镇帖家河遗址采集的片状陶器残片，为夹砂红褐陶器物，一面素面，一面饰篮纹，残长 17、残宽 15.5、厚 2 厘米，器型不可辨，或为龙山文化研究增添了一个新的器型

▶ 岐山县凤鸣镇帖家河遗址采集的陶鬶残片，为泥质灰陶，其颈部饰两道戳刺状纹饰，残高 12 厘米。陶鬶是山东龙山文化典型器物，在宝鸡地区是第二次发现，为研究两地的文化交流提供了珍贵的考古资料

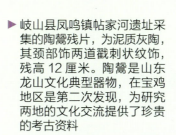

文化遗产

这里所说的文化遗产是指具有时代特征的近现代重要建筑以及有纪念意义的重要史迹。

▼ 题 记

◀ 毛泽东同志塑像

毛泽东同志塑像

毛泽东同志塑像位于渭滨区姜谭路西段公路中央的圆坛上，为合金钢浇铸。面向东方，身穿大衣，挥右手致意状，左臂背后，手握五角星帽。塑像高 7.1 米。底座为覆斗状，高 9 米。底座西侧题记"秦川机床厂革命委员会敬塑一九六八年十二月二十六日"。底座周围设圆形青石勾栏，勾栏内环绕底座的斜面上，均匀堆塑五角星 9 颗，勾栏外为环形平台，前、后有台阶，两侧外围种植低矮柏树。该塑像是陕西境内保存最好的"文化大革命"时期毛泽东同志塑像之一。2008 年被公布为陕西省文物保护单位。

▶ 阎家庄民宅门楼

阎家庄民宅门楼

▼ 阎家庄民宅门楼局部

　　岐山县蒲村镇阎家庄民宅门楼为原四合院的第二道门，修于民国时期。用青砖垒砌而成，坐东面西，拱形门洞，顶部为屋顶式两面坡灰瓦顶。门额正中镶有长方形青石匾额，阴刻有楷书"光前裕后"，匾额四周为砖雕花边；两边各镶有一正方形青石浮雕人物戏剧故事图。拱形门洞边沿有砖浮雕花卉、蝴蝶等。门楼上部有两层砖雕图案，一层为浮雕双龙、荷花纹，另外一层浮雕狮子、麒麟、马、牛等五个动物。该门楼为研究岐山县的民宅结构、布局提供了实物资料。

▶ 阎家庄民宅门楼局部

固关清真寺

　　固关清真寺位于陇县固关镇固关民族小学西北侧，现仅保存大殿1座，坐西面东，面阔五间15米，进深三间9.6米，建筑面积144平方米。砖土木结构，硬山屋顶，透雕莲花屋脊，屋面施灰筒、板瓦，有勾头滴水。五架梁，前檐带明廊。前檐每间施斗拱三朵，为一斗二升。前檐廊柱与枋间施木雕雀替。前檐明间、次间、梢间均为格扇门，四开。门扇裙板、腰栏雕有博古与花卉图案。各间门上方均为木装板。门楣上减地平雕博古图与阿拉伯文字。大殿后檐内壁正中有砖砌的壁龛，壁龛两侧有阿拉伯文字的对联。大殿地面用木板铺地。该寺创建于民国初，是陇县乃至宝鸡地区保存较完整、时代较早的1座中式建筑风格的清真寺，极为罕见，对研究陇县早期伊斯兰教传播有一定的价值。

▼ 固关清真寺

◄ 清真寺门额

▲ 前檐明廊左山墙内壁

▲ 兰州军区所赠大炮

扶眉战役烈士陵园

　　扶眉战役是解放战争中西北战场上最大的一次战役。1949 年 7 月 10 日至 14 日，人民解放军在彭德怀司令员的亲自指挥下，在以扶风、眉县为中心，东起咸阳，西至宝鸡，南接秦岭北麓，北到西兰公路的广大地区，共歼灭国民党一个兵团，四个军部，八个整编师零三个团，四万三千余人，为全面解放大西北奠定了基础。在该战役中约有三千余名解放军指战员壮烈牺牲。1953 年为纪念扶眉战役中牺牲的烈士，弘扬英勇无畏的革命精神，扶风、眉县、岐山三县在眉县常兴共同修建了扶眉战役烈士陵园。

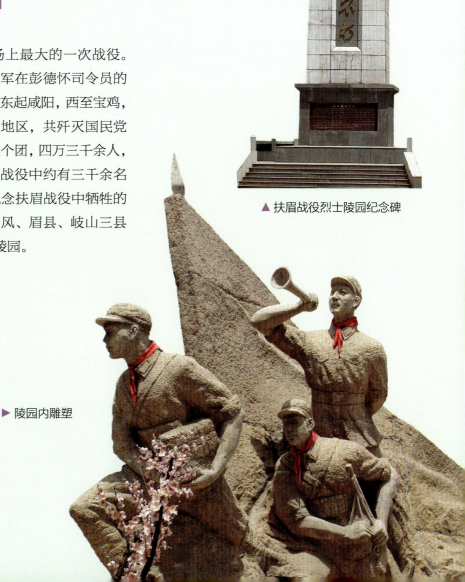

▲ 扶眉战役烈士陵园纪念碑

▶ 陵园内雕塑

冯家山水库

冯家山水库位于陈仓、凤翔、千阳三县交界处的冯家山峡谷，水库拦蓄发源于甘肃六盘山的千河水，控制流域面积 3232 平方公里。总库容 4.13 亿立方米，有效库区水面 2 万余亩。水库于 1970 年动工兴建，1974 年 3 月下闸蓄水，同年 8 月通水灌溉。可灌溉宝鸡、凤翔、岐山、扶风、眉县、永寿、乾县的农田 136 万亩。其中总干"万米隧洞"长 12614 米，是国内最大的土质隧洞。冯家山水利工程的建设，是宝鸡人民治水史上的一大壮举，充分体现了工人、农民、干部和工程技术人员自力更生、艰苦奋斗、不怕牺牲、无私奉献的创业精神和战天斗地、气吞山河的英雄气概，实现了人们梦寐以求的"大坝锁蛟龙，千水上高原"的美好夙愿。

▶ 冯家山水利工程之一：万米隧洞

▶ 碧波荡漾

▲ 建设者住过的窑洞

▼ 冯家山水库

▲ 宝鸡峡引渭灌溉工程跨越金陵河谷

▲ 沣水倒虹

▼ 沣水倒虹

宝鸡峡引渭灌溉工程

    宝鸡峡引渭灌溉工程于 1958 年开始建设，1971 年 7 月 15 日竣工通水，是陕西最大的造福于民的水利工程，也是陕西境内最大一条人工河流。西起宝鸡峡口，东至泾河，灌溉宝鸡、咸阳、西安 3 市、13 个县（区）农田 170 万亩，其中自流灌溉 149.7 万亩，抽水灌溉 20.3 万亩。

    沣水倒虹是宝鸡峡引渭工程干渠通过沣水的大型水利设施，位于扶风县城以东，为钢筋混凝土管与钢管组合的双管桥式倒虹，总长 880 米，最高水头 70 米。

▼ 渠首大坝

▲ 灵龙碉堡

▲ 刘家咀头碉堡

千河西岸碉堡群

在千河西岸的陈仓区贾村镇和千河镇，普查队员相继发现了 10 座形制各异的碉堡，大多位于半坡上，绵延约 10 公里，形成了一个碉堡群。碉堡群北至刘家咀头村，南至底店村。千河西岸碉堡群为研究宝鸡地区在抗日战争时期的军事防御设施提供了实物资料。

▲ 秦家滩碉堡

▲ 底店碉堡

▼ 底店碉堡

▼ 底店碉堡（局部）

▲ 西营戏楼

西营戏楼

　　金台区蟠龙镇西营戏楼坐西向东，为一面阔四间，进深七间，灰瓦硬山人字顶的砖土木结构建筑，修建于 20 世纪 70 年代。牌面顶端浮雕红五角星、红旗及"农业学大寨"标语。牌面下半部浮雕多条毛主席诗词、语录及图案。北侧为"春风杨柳万千条"、"喜看稻菽千重浪"、"严肃活泼"、"推陈出新"及韶山风景；南侧为"六亿神州尽舜尧"、"遍地英雄下夕烟"、"团结紧张"、"移风易俗"及延安风景。西营戏楼规模较大，时代特征鲜明，含有丰富的历史信息，对于研究"文革"时期人民群众的文化生活具有一定的价值。

▶ 西营戏楼局部

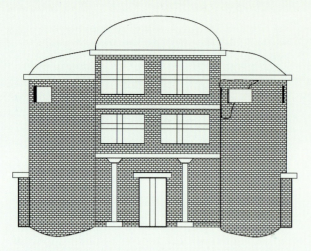

◀ 千阳梅花粮仓正视图

▼ 千阳梅花粮仓平面图

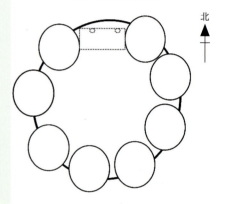

北

千阳梅花粮仓

　　千阳梅花粮仓位于千阳县南寨粮站内，于1978年10月建成投入使用。平面呈梅瓣形，由一个圆形主仓和8个规格略小的圆形边仓组成。千阳梅花粮仓体型较大，形制独特，在宝鸡地区十分罕见，对于了解20世纪七八十年代粮站粮食管理储备方式和粮仓形制的多样性有重要价值。

▼ 千阳梅花粮仓

青年大院

  青年大院位于陇县城关镇高楼村二组（晃家坡）。大院处在南、北两面断崖之间的空地中。在修整过的北部崖面下，有窑洞三孔。窑洞崖面上部，有直径约 0.6 米的圆形凹槽四个，内部用墨线勾边、白灰书写的"青年大院"四字。

  1964 年陇县接收首批西安上山下乡知青 365 人。在毛泽东同志的"知识青年到农村去，接受贫下中农再教育"的号召下，自 1968 年至 1979 年陇县共安置西安市和本县下乡知青 8109 人，分布在 15 个公社的 118 个大队。

  晃家坡知青大院于 1968 年开始接收知青，1980 年前后知青陆续返城。青年大院保存较好，对于研究"文化大革命"时期知识青年上山下乡活动有较为重要的价值。

▶ 青年大院全景

▼ 当年知青使用过的桌椅

扩大影响

开展文物普查，加强文物法规、文化遗产知识的宣传，有利于发掘整合文物资源。充分发挥文物在建设社会主义先进文化中的作用，增强全民文化遗产保护意识，是文物工作者责无旁贷的责任。

组织动员

▼2008年3月28日召开宝鸡市第三次全国文物普查领导小组会议

为了加强对文物普查工作的组织领导，2007年9月宝鸡市人民政府成立了宝鸡市第三次全国文物普查领导小组。领导小组下设办公室，办公室设在市文物局。

宝鸡市文物普查领导小组

组　长	孙　毅	市委常委、副市长
副组长	肖炳良	市政府副秘书长
	任周方	市文物局局长（兼任领导小组办公室主任）
成　员	马耀斌	市发展改革委副主任
	姚拴贵	市民政局副局长
	任周勤	市财政局纪检组长
	赵　军	市国土资源局副局长
	王建利	市城建局副局长
	胡公尚	市交通局副局长
	王乃全	市水利局调研员
	杨茂生	市文化局副局长
	马　渠	市统计局副局长
	贾永宏	市民族宗教局副调研员
	张　南	市工交办副主任
	宋建国	市规划局总工程师
	孙越峰	宝鸡军分区后勤部部长
	刘宏斌	市文物局副局长

▲ 孙毅副市长将宝鸡市文物普查队队旗授予刘军社队长

▲ 2008 年 4 月 8 日，在眉县召开宝鸡市第三次全国文物普查田野调查启动仪式暨眉县文物普查动员大会，陕西省文物局文物处处长周魁英出席了启动仪式。宝鸡市文物普查领导小组组长、市委常委、副市长孙毅致辞，并对宝鸡市的文物普查工作寄予厚望

◀ 田野现场培训学习 GPS 操作

▲ 陕西省文物局对此次普查工作高度重视并给予大力支持，委派多位专家提供辅导、咨询，提供了一定数量的电脑、照相机和 GPS 等现代化设备，还为队员提供统一服装和背包

▲ 2007 年 12 月 13 日召开宝鸡市第三次文物普查培训会

▲ 2008 年 4 月 8 日上午，在眉县召开"宝鸡市第三次全国文物普查田野调查启动仪式暨眉县文物普查动员大会"

▲ 培训会现场

▲ 2008 年 10 月 15 日，市委常委、副市长，普查领导小组组长孙毅主持召开宝鸡市第三次全国文物普查领导小组（扩大）会议

　　2008 年 3 月 28 日宝鸡市第三次全国文物普查领导小组会议的召开，标志着宝鸡市第三次文物普查工作进入一个新阶段，2008 年 4 月 8 日在眉县召开了宝鸡市第三次全国文物普查田野调查启动仪式暨眉县文物普查动员大会，田野文物普查正式启动。

　　为了组织好第三次文物普查工作，十二个县（区）也分别成立了第三次全国文物普查领导小组，并依次在田野调查开始前召开动员会议，结束后召开总结会议。参加会议的有县区文物普查领导小组成员单位、乡镇主要领导或主管领导、文化专干、普查队员，这种做法为确保普查工作的顺利开展奠定了坚实的组织基础。各县（区）采取不同形式为普查队员解决交通工具、向导等问题，提供文物线索、资料和食宿等方面都提供了大力支持，表现出不同特点。各县的有力支持配合为普查工作取得优异成绩提供了保障。

▲ 在宝鸡市第三次全国文物普查领导小组（扩大）会议上，市委常委、副市长，普查领导小组组长孙毅代表宝鸡市人民政府与各县区签订责任书

▲ 2009 年 4 月 23 日，岐山县第三次全国文物普查工作动员会上，凤鸣镇人大主席于乃仓代表乡镇作了表态发言

▲ 凤翔县为本次普查工作做了细致入微的安排，第一个负责普查期间的交通费

▲ 2008 年 4 月 8 日，宝鸡市文物普查队代表刘怀君在眉县文物普查启动仪式上代表队员作了表态发言

▲ 扶风县召开动员大会

▲ 金台区政府与各乡镇签订目标责任书

▲ 2008 年 11 月 19 日金台区政府召开了第三次全国文物普查普查领导小组（扩大）会议，安排部署文物普查田野调查工作。区普查领导小组成员单位、各乡镇主管领导、各村委会、社区主管领导、基层文化专干、文保员及普查队全体成员 200 余人参加了会议，是参加会议人数最多的一个县区

◀ 2009 年陈仓区政府在动员大会召开之前，先行召开由乡镇领导参加的文物普查会议，这在宝鸡地区开展文物普查工作以来还是第一次

◀ 千阳县的文物普查，是市文物普查领导小组（扩大）会议以后开展的第一个县，决定放弃自行车，交通工具改由县（区）负责

◀ 2009 年 4 月 23 日，岐山县人民政府召开岐山县第三次全国文物普查工作动员会，安排部署本县的文物普查工作

◀ 陇县文物部门热情欢迎普查队，积极主动足额解决交通费用，协调配合普查队搞好各项工作

► 麟游县文物普查验收总结会

► 渭滨区文物普查验收总结会

► 凤县文物普查验收总结会

► 太白县文物普查验收总结会

领导关怀

▲ 国家普查办副主任刘小和（右一）听取了宝鸡市第三次全国文物普查办公室主任任周方和文物普查队队长刘军社工作汇报，细心查看了普查表，并与普查队员就实际工作中遇到的一些问题进行了座谈交流。他对宝鸡市文物普查工作的质量和进度给予了充分肯定，认为宝鸡文物普查的经验和做法值得宣传和推广

各级领导的重视、关怀是顺利完成本次普查任务的根本保证。在普查期间，各级领导对文物普查工作高度重视，在人力、财力等各方面给予极大支持，并巡回普查一线，检查指导工作，慰问队员，极大地鼓舞了普查队员的士气。

▲ 陕西省文物局局长赵荣（右一）多次来宝鸡指导文物普查工作

▲ 陕西省文物局副局长刘云辉（中）指导文物普查工作

▲ 宝鸡市市委常委、副市长，普查领导小组组长孙毅（右二）深入普查一线

▲ 2008 年 4 月 8 日上午，陕西省文物局文物处周魁英处长（左三）出席宝鸡市第三次全国文物普查田野调查启动仪式暨眉县文物普查动员大会

▲ 陕西省文物局文物普查办公室副主任马艾秦（前左）与专家组成员一起实地调查，并自始至终指导了宝鸡市的文物普查工作

▶ 2009 年国庆前夕，市文物局局长任周方（左二）、副局长刘宏斌、陈仓区政府办公室副主任王明垂、文化旅游局局长吴双虎、副局长杨玉虎等领导看望普查队员

▶ 陕西省文物局人事处陈长奎（前一）等工作人员参加文物普查

▲ 宝鸡市文物局高度重视文物普查工作，在人力、财力等方面给予大力支持。局长任周方（前左）、副局长刘宏斌（中右）文物科科长陈亮（中左）多次巡回视察普查第一线，指导工作，看望队员

▲ 市文物局副局长刘宏斌（右五）、陈仓区文化旅游局局长吴双虎（左三）看望普查队员

▶ 市文物局组织机关工作人员分批参加文物普查，同队员们一起翻山越岭，爬坡淌河，同吃同住，感受普查的酸甜苦辣（左一为市文物局副局长王锁劳）

▼ 市文物局纪检组长梁忠虎（左）参加了太白县文物普查

▼ 2009年5月6日上午，岐山县人民政府副县长张冬肖（中）在县文化旅游局局长崔公林、副局长任维成、县政府办公室副主任刘云洲等陪同下，到普查一线看望队员

▲ 眉县文物普查期间，县文化文物广播电视局局长王国元率领办公室工作人员一行4人，前往金渠、营头等乡镇看望并慰问普查队员。交谈中得知县土地部门计划回填张家堡古城堡南北城壕，为了保留城堡的完整性，普查队建议改变回填方案，保留城堡。王局长现场办公，协调解决这一问题

▲ 2009年4月14日，扶风县文化文物局局长李录成（左二）深入普查一线

▲ 2009年"5.1"劳动节这天，岐山县文化局副局长任维成（右一）放弃休假，代表岐山县文物普查办公室慰问普查队员

▲ 金台区文化旅游局局长刘东林（左一）、文化局副局长陈卫东（右二）、文化馆馆长王华侠（左二）、副馆长李巨怀、文物干事徐彩霞多次冒着严寒，深入一线，询问队员工作生活情况，看望普查队员，了解情况，问寒问暖。考虑到天气渐冷，区文化馆还专门为普查队员准备了新被褥

▶ 凤县文化体育局局长巨涛（左一）、副局长戴双萍、文物股长李根成（右一）看望普查队员

▲ 太白县文教局副局长魏小燕（右二）、县文化馆馆长张永林（右三）代表县文教局，看望慰问普查队员

▲ 陇县文化局纪检组长刘芳和博物馆馆长王全军（左二）到各乡镇看望慰问普查队员

◀ 凤翔县文化旅游局曹慧侠副局长（左二）、郁红伟书记，县博物馆郁彩玲馆长、王长虎书记代表县文化旅游局、县博物馆看望慰问普查队员

▼ 渭滨区图博馆郝明科馆长（后一）和队员一起深入山区调查文物点

▼ 千阳县文化馆副馆长寇玉强（右一）、田森（左一）多次到各乡镇看望普查队员

▲ 队员们之间也有短信的来往："十五未到，兄弟的心到了。在这佳节之日，你在异地他乡为沉睡了几千年的地下人类灿烂文化而奋斗着，你辛苦了，我们代表全世界和一切热爱文物事业的人们在此深深的感谢您！！！我们二队全体队员祝您和家人中秋节快乐！"

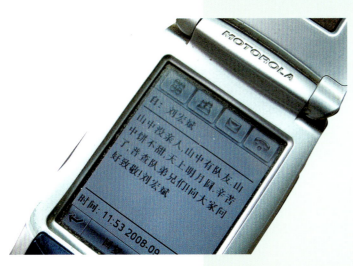

▲ 2008年中秋节，普查队员正在麟游山区进行文物普查，市文物局刘宏斌副局长通过短信，表示对普查队员的问候——"山中没亲人，山中有队友。山中饼不甜，天上明月圆。辛苦了，普查队弟兄们，向大家问好致敬！"

▲ "我已经和我身边的你达成如下协议：我们必须14日一天去爱心河流域进行第三次全国文明文化普查，打GPS点、拍数码照片、填国表。晚上我挽着你的手臂，在田间路畔，夜色漫漫的天空下，数数天上的灯泡几盏，望着空中圆圆的白色月饼散发出的光芒，口中说：我上去把月饼给你抱下来，心中想：我很想上去见见嫦娥。记住和家里人打电话，祝中秋快乐。别忘了呵。"

▶ 2009年10月1日，是我们新中国60岁的生日，10月3日，又是我们中华民族的传统节日"中秋节"。10月2日晚，陕西省文物局局长赵荣来到宝鸡，看望并慰问普查队员

▲省文物局赵荣局长即兴赋诗一首以飨大家。"祖国华诞六十年，神州大地尽欢颜。仰承炎帝吉祥照，俯得汧渭滋养缘。周秦文明起始点，更看今朝续新篇。盛世人间中秋夜，西府宝鸡耀团圆"

▶市文物局局长任周方作词两首以示慰问和鼓励

▼《声声慢》：中秋慰问文物普查队员

▼《青玉案》：寄语文物普查队员

◀ 领导与队员齐唱《歌唱祖国》

▶ 十位 50 岁以上普查队员（号称"五百岁老汉"）合唱《东方红》

▼ 普查队员集体合影

◀ 市文物局副局长刘宏斌作诗一
首:《写给宝鸡文物普查队》

写给宝鸡文物普查队

◎ 刘宏斌

尘埃漫漫

模糊了岁月行进的步伐

江河滚滚

风流总被浪淘雨打

日月昭昭

炎黄子孙何曾忘记共同的老家

号角声声

中国启动了第三次文物普查

旗帜飘飘

宝鸡普查队集训在秦岭脚下

寻寻觅觅

要揭开古陈仓历史神秘的面纱

高举队旗

我们向十二个县区的田野开拔

翻山越岭

我们在沟沟坎坎滚打

走村串乡

我们在坡坡塄塄摸爬

询问三老

哪里有石碑和砖头瓦渣

跟着向导

东寻西找那庙宇壁画

慈眉善目

这是哪个朝代的汉白玉菩萨

荒草萋萋

墓冢下长眠着哪位前贤圣达

凌空插云

这又是何人建造的七级佛塔

残片成堆

这是不是行宫上的残砖碎瓦

用定位仪测量
我们与遥远的卫星对话
拿照相机拍照
历史的瞬间变成了数码
在灰坑中选捡
我们失去了专家的文雅
往断崖上扫描
我们用手铲把文化层刮了又刮
在土场里寻找
把那砖头瓦块细细观察
骑自行车奔波
汗水伴着灰尘流满脸颊
靠着大树吃饭
用干馍和凉水抵挡饥乏
踏着夕阳归来
疲惫的身子映衬着晚霞
挑灯填写表格
在简陋旅社把键盘敲打

穿行太白雨
队长磨掉了脚指甲
趟过漆水河
河水打湿了队员鞋和袜
中秋明月夜
在圆圆的月亮中寻找秋冬春夏
层林尽染时
我们顾不上满眼的风景如画
人头蜂窝下
我们头皮发木又发麻
天台山顶上

崎岖的雪径又光又滑
深山凶宅里
队员的噩梦使人又惊又怕
地动山摇中
妻子儿女把未归的家人牵挂
漫漫回家路
我们再回首望断天涯

张载祠内
雄伟大殿与苍翠古柏傲然挺拔
九成离宫
访古的辛劳感动得专家声泪俱下
尚家岭上
发现宫殿遗址的消息传遍华夏
宝鸡城里
金台渭滨同开普查优秀之花
东湖岸边
东坡手植柳垂下披肩长发
佛骨圣地
我们拜谒了彪炳史册的窦耿班马
西岐故土
周公陪同我们度过五一节假
太白山中
红衫军团穿梭在大山里的盛夏
凤州峻岭
沿着连云古道我们走过星红峡
关山草原
队员家属一同跨上了奔驰的骏马
西虢桥镇
华夏第一瓦（龙山筒瓦）面世结了稍后大瓜

乡镇配合

　　乡镇、村组的大力配合是搞好本次普查工作的坚实基础。

　　在这次文物普查中，各乡镇、村组基层干部和广大群众积极主动地配合、协助、参与我们的调查工作，同时有关兄弟文博单位也对文物普查给予力所能及的帮助。

▼ 陈仓区凤阁岭镇党委书记梁小宁（右二）在百忙中抽出时间和队员一起去田野普查，他说，要通过第三次全国文物普查的机遇，摸清凤阁岭镇的文化家底

▼ 凤翔县糜杆桥镇党委书记王晓炜（左二）、镇长张巨海（右二）和主管文物文化的人武部部长郃风十分重视文物普查工作，安排文化专干卢炜全面负责、全力配合

▶ 在岐山县普查时，大营乡党委书记吕辉（右三）、乡长张晓宇（右一）及时安排好队员的食宿，并购买了脸盆、水壶、床单等日常用品

▶ 2009 年 8 月 24 日，我们完成了陇县八渡镇的普查任务后，镇党委书记秋建平（右四）、镇长梁新科（右三）专门召开座谈会，详细了解了普查的收获和重要发现，还听取了队员对该镇发展方面的建议

▶ 在渭滨区普查时，高家镇镇长陈鹏远（左二）、副镇长赵晓云热情接待了普查队员，并想方设法解决队员的住宿及取暖问题

▲ 凤县凤州镇十分重视文物普查工作，专门腾出宽敞舒适的房间作为队员的住宿和办公场所，买来崭新的床单、被罩和枕巾等。主管副镇长马杰（左二）经常关心队员的工作和生活。镇文化干事刘天昊（右二）老道干练，及时联系村干部和合理安排向导

◄ 陈仓区香泉镇主管文化副镇长冯永平（前一），亲自为我们驾驶车辆，和普查队员一同冒雨在浓雾弥漫的天气下，一路走过泥泞山路，爬上海拔1900多米的方山塬顶端，调查碑刻

▼ 在扶风县普查时，法门镇副镇长李胜利（中）热情接待普查队员，为方便开展工作，又将队员送到召陈遗址区

▼ 在千阳县普查时，崔家头镇镇长助理刘军伟（右）几乎每天与普查队员一道早出晚归去田野，翻沟越岭进村庄。每到一处主动与村组干部联系，打问相关信息，协助普查人员做了许多工作

　　乡镇的领导和干部长期在基层工作，具有较强的文物保护意识，对本次文物普查表现出了较高的热情和积极性，为普查队员提供了很多帮助，解决了许多实际问题。诸如乡镇党委书记、乡镇长亲自安排和解决普查队员的吃、住、行等问题，文化专干等工作人员与普查队员一起工作，做向导、提标本袋、安排车辆、协调乡村队组配合等等。

▲ 渭滨区高家镇科教文卫办主任王林雄（中）和队员一起起早贪黑，奔走在田间地头、高山陡坡间。他常说的一句话就是："我负责的是这方面的工作，至少我要清楚每一个文物点的具体位置，下一次普查就会方便一些。"这句话虽然简简单单，却是实实在在的，真正反映了基层工作者的认真、负责和真诚

▶ 麟游县丈八乡人大主席雷霖（右二）不仅提供了《丈八乡志》（宝鸡地区第一部乡志）等重要资料，还提供了许多文物点的线索又专门抽出时间为队员做向导

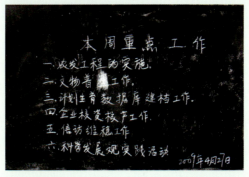

▲ 岐山县京当乡党委、政府在普查队员进驻以后就把普查工作作为乡上每周的重要工作写在黑板报上，充分说明对这项工作的重视

▲ 岐山县蒲村镇成立第三次文物普查领导小组文件

▶ 陈仓区坪头镇文化专干秦纯志（前一）参加过1988年全国第二次文物普查，向我们提供了1982年宝鸡县人民政府公布的文物保护单位文件，还有当时他自己做的表格、照片及他抄录的碑刻内容。在走过的11个县区里，乡镇能提供这样详尽的资料，老秦是第一个。老秦的肩上经常背着队员的包

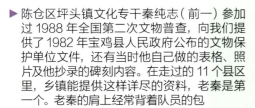

▲ 陈仓区坪头镇文化专干老秦提供的资料

▲ 扶风县天度镇文化专干巨书海同志 1988 年被评为宝鸡市文物普查先进个人，受到表彰

▼ 扶风县绛帐镇文化专干徐文静（左二）是一个刚走出校门参加工作的 80 后，她全程配合这次文物普查，始终坚持在普查第一线，从不叫累

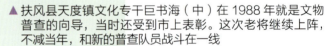

▲ 扶风县天度镇文化专干巨书海（中）在 1988 年就是文物普查的向导，当时还受到市上表彰。这次老将继续上阵，不减当年，和新的普查队员战斗在一线

► 陈仓区香泉镇文化专干袁喜林（前一）

► 陇县八渡镇统战干事王来换专门配合普查工作，并担当向导，与各村组相联系

▼ 陈仓区阳平镇文化专干龙春生（左一）是一名文化老兵，既是我们的向导，又是我们的小工，跑前跑后，一点架子也没有，常常给我们背陶片

▲ 岐山县蒲村镇文化专干陈永堂（左一）始终和普查队员一起跑田野、走村庄，积极协调、联系各村配合文物普查工作

▲ 千阳县水沟镇文化专干郑江泉（前），从事基层工作20多年，本次普查与我们的队员早出晚归，勤勤恳恳，任劳任怨，感动着我们每一天

▲ 陈仓区县功镇文化站长王金林不论晴天或雨天，他一直陪伴队员在田野进行调查

▲ 千阳县南寨镇文化专干樊俊强（左一）不仅提前为我们普查队员安排好食宿，而且始终和我们普查队员一样，奔走在田间地头，并有针对性地收集记录新文物点的资料，以便日后开展田野文物保护工作

◀ 岐山县蔡家坡镇文化专干蔡麦侠（右）巾帼不让须眉，普查期间始终和队员奔走在田间地头

▲ 周公庙一带是此次文物普查的重点，文物点多、遗迹现象复杂，重要发现多，如果仅靠我们普查队员很难理出头绪的。周公庙考古队种建荣副队长（前右一）在人力、资料方面为我们提供了无私的帮助

▲ 法门寺博物馆对这次普查十分重视，姜捷馆长（右）不仅为我们提供了8个文物点的线索，还要求相关部门尽可能为普查队员在法门寺博物馆调查收集资料提供方便

▲ 太白县靖口镇文化专干李珍翠（中）是文化战线上的一位老兵。她热爱文化事业，对文物普查表现出了极高的热情，安排村干部做好普查接待和向导，还多次和包村干部带领队员翻山越岭到距镇上三十多里以外的村组调查走访群众，了解文物点线索

▲ 周原博物馆的魏兴兴书记（中），普查前期提供了文字资料及线索，后期资料整理阶段，又为队员提供了住宿，设施一应俱全，使我们的工作得以顺利开展

▲ 太白县王家棱镇干部曾宝琴（右）联系给我们队员解决食宿，并主动为我们担当起了向导，始终和大家一起奔走在该乡镇的山沟里、悬崖边，她自己身带相机，及时拍摄已发现的文物点

▲ 陕西省考古研究院雍城考古队队长田亚岐（右二）和宝鸡先秦陵园博物馆主动为普查队提供资料

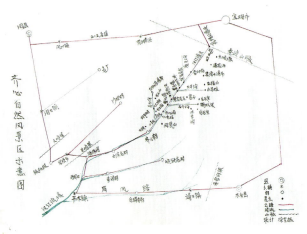

▲ 凤县平木镇齐心村徐宣振绘制的本村文物旅游景点分布图

普查所到之处，群众积极配合参与，他们一张张淳朴的脸，一句句真切的话，一个个不知名的背影，一幕幕感人的事迹，让普查队员们至今难忘。文物普查的功劳簿上，应当有这些父老乡亲的一笔。

▼ 凤县平木镇齐心村徐宣振（前一）熟悉当地文物旅游资源，主动拿来他绘制的齐心村文物旅游景点分布图，带领队员去山上寻找一处寨址，并发现了杨家河栈道遗址

▲ 凤县河口镇崖房村 74 岁老人李少军（左一）和 14 岁堂弟（左二），在带领普查队员寻找崖房崖居时，带着砍刀和镰刀，一路冲锋在前、披荆斩棘

▲ 千阳县南头遗址和墩台山石窟在距离县城 25 公里的山沟里，看护林木的樊应生老人（左一）带领队员钻进了大山。在爬山闲聊时，得知他已 73 岁高龄了。队员深受震撼，为了表示对老人的感激，特送去爬山时的合影照片

▼ 先秦陵园博物馆赵生祥（前一）已是花甲之年，凭借在凤翔县南指挥镇多年的工作、生活经历和对秦公陵园的了解，带领队员找到陵园和文物点

▼ 凤县凤州镇凤州村年近六旬的霍伟（中）老人是一名文保员，文物普查开始后，带领普查队员走遍凤州的大街小巷

▲ 2008 年 11 月在渭滨区

▶ 陇县城关镇店子村书记张书林（右二）是一位文保员，在普查中不但担任向导，他还积极宣传文物法规，在他的宣传和动员下，村民向普查队员交献文物 11 件（组），其中铜器小件 7 件，陶器 4 件，后普查队员及时移交给陇县博物馆

▼ 凤县红花铺村李平安、胡有泉、曾素娥三位村民带领普查队员去天台寺调查时，翻爬十几里山路，用砍刀劈开路上荆棘，扫清了障碍

▲ 陈仓区虢镇土桥村五组 65 岁的村民王武明正在浇地时看到我们普查队员，起先他看我们四处张望，专挑墙根断崖，误认为我们是盗墓分子来观察地形的，后得知情况后，积极反映所了解的文物点，并将他早年挖地所得的 1 件战国绳纹陶罐交献给国家

◀ 标语

◀ 标语

▲ 凤县凤州镇凤州村把文物普查当做重点工作，在村内张贴宣传标语 50 余条，营造了全民保护文物的浓厚氛围，这在宝鸡市文物普查中也是首次

▲ 陈仓区坪头镇新民村的杨俊老人（左二）、庵里村的苗仲老人（左一），都年过七旬，在我们普查九龙山文物点时，他们不怕路途艰险，一路陪着我们，为我们做向导。山路盘旋而上，新修的道路路基下陷，到处是滑坡、裂缝，冲毁的道路、滑落巨石、一尺多深的泥石流。整整一个下午，我们一起爬山、下坡、淌河。后来我们才知道，杨俊老人一直病着，整整一个星期没有生火做过饭

▲ 苗仲老人为普查队员做向导

▲ 杨俊老人为普查队员领路

◀ 2009 年 8 月 25 日在陇县普查中，队员在雨中步行去相距约 7 公里的雷神山途中，道路泥泞分岔多，在风雨交加无助徘徊时，巧遇放牛回家的新集川乡磨儿下村民杨书圆（右），问路时老杨得知我们是文物普查队的，感慨地说："就凭你们公家人在这样的天气中还一身泥一身水的工作，我虽然 69 了，没啥说的，一定要把你们带到雷神山。"一路上，老杨身披塑料布，手拿一根木棍，在前面荒草灌木丛中边走路边打上面的雨水。不停提醒大家："小心，踩稳了，左边是悬崖；注意，右边有塌陷。"经过 2 个多小时的艰难跋涉，到了雷神庙前，老杨又给普查队员边找柴火烘烤衣物

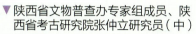
▼ 陕西省文物普查办专家组成员、陕西省考古研究院张仲立研究员（中）

▲ 陕西省文物普查办专家组成员、陕西省考古研究院张天恩研究员（中）

◀ 陕西省文物普查办专家组成员、北京大学徐天进教授（中）

▲ 陕西省文物普查办专家组成员、陕西省考古研究院焦南锋研究员（中）

▲ 陕西省文物普查办专家组成员、陕西省考古研究院阎毓民研究员（中）

▲ 陕西省文物普查办专家组成员、陕西省考古研究院张在明研究员（中）

▲ 陕西省文物普查办专家组成员、陕西省考古研究院王占奎研究员（中）

◀ 2009 年 7 月 30 日在凤县验收现场

▲ 陕西省文物普查办专家组成员、
陕西省考古研究院侯宁彬研究员
（右二）

▼ 陕西省文物普查办专家组成员、陕西省
文物信息咨询中心徐进研究员（中）

▼ 陕西省文物普查办专家组成员、
陕西省文物信息咨询中心刘彦博
研究员（前）

▼ 陕西省文物普查办专家组成员、西安事变纪念馆
姬乃军研究员（右一）

▲ 陕西省文物普查办专家组成员、西安文物保护修复中心范培松研究员（右一）

▼ 陕西省文物普查办专家组成员陆中明教授（中）

▼ 陕西省文物普查办专家组成员、陕西省文物鉴定组尹夏青研究员（右二）

▼ 陕西省文物普查办专家组成员、商洛市博物馆王昌富副研究馆员（右三）

▲ 陕西省文物普查办专家组成员、西安
文物保护修复中心赵静研究员（左一）

▲ 陕西省文物普查办专家组成员、西安文物
保护修复中心张颖岚研究员（中）

▼ 陕西省文物普查办专家组成员、洛川县民俗博物馆段双印
副研究馆员（中）

▼ 陕西省文物普查办专家组成员、汉阳陵博物馆曹发展研
究员（左一）

▼ 陕西省文物普查办专家组成员、西安市文物考古研究所程林
泉研究员（中）

▲ 2009 年 7 月在太白县大沙沟造纸作坊遗址现场考察

▲ 2008 年 11 月在千阳县尚家岭遗址现场考察

▼ 2009 年 10 月在陈仓区桥镇遗址现场考察

▲ 2009 年 7 月 1 日在太白县专家与普查队员合影

◀ 陕西省文物普查办专家组成员、渭南市文物普查队李国栋队长（中）

▲ 2008 年 4 月 17 日在眉县槐芽镇召开各普查小组电脑操作员会议，落实省文物普查办专家组的意见。要求各普查小组统一思想认识，并提出了技术操作规范，包括地形、位置示意图中线条的粗细、村镇的表示、照片底衬的质地及颜色等，号称"槐芽会议"

▲ 2008 年 4 月 16 日陕西省文物普查办专家组成员阎毓民、陆中明、刘彦博、马金磊深入普查第一线，来到眉县指导文物普查工作

扩大宣传

▲ 接受新华社采访

　　文物普查所到之处，得到了广大群众的理解与支持。每一个普查队员既是文物调查的行家，又是宣传文物保护的能手。有人说：文物普查队就像宣传队、就像播种机。到乡镇后，我们通过对村民的大量走访，一方面了解到了文物点的信息，另一方面通过普查，向群众宣传了文物法规和知识，同时，把文物保护的理念带到普查的每一个乡镇、街道、村组和学校。媒体的大力宣传又使文物普查工作和文物保护意识深入人心，收到了良好的社会效益。

▼ 普查现场采访

▶ 宝鸡日报社记者杨西民（左二）、段达明（左一），自始至终及时报道文物普查信息，扩大文物普查的影响，而且还亲历亲行，实地参加了凤县连云栈道的调查工作

◀ 接受中国文物报社记者李艳（左）采访

▼ 文物宣传走进校园

▼ 陕西省第三次全国文物普查简报《文物普查中应予推广的"宝鸡经验"》

▼《中国文物报》2009年4月1日刊发的《陕西省文物普查的两个"样本"》一文中，一个"样本"就是"宝鸡经验"

▲ 文物普查信息报道

▲ 宝鸡市文物普查队被陕西省第三次全国文物普查领导小组评为先进集体

▲ 宝鸡市文物普查队被宝鸡市第三次全国文物普查领导小组评为先进集体

▲ 普查队员的荣誉证书

▶ 宝鸡市文物普查队队长刘军社荣获国务院第三次全国文物普查领导小组办公室颁发的"第三次全国文物普查实地调查阶段突出贡献个人奖"

▼ 文物普查成果宣传

锻炼队伍

开展文物普查，有利于完善文物档案管理，促进文物保护机构建设，培养锻炼文物保护队伍，加大文物保护科技的研究、运用和推广工作，提高文物保护管理整体水平。

队员风采

　　我市按照熟悉业务、精通技术、新老结合、以老带新、年轻力量为主的组队原则，从宝鸡青铜器博物馆、宝鸡周原博物馆、宝鸡先秦陵园博物馆、市考古研究所和扶风县博物馆、岐山县博物馆、岐山县周原博物馆、凤翔县博物馆、千阳县文化馆、陇县博物馆、麟游县博物馆、眉县文化馆抽调25名同志，省普查办委派1名副队长，组成宝鸡市文物普查队。2008年4月8日下午统计，队员平均年龄43.9岁。普查队设队长1名、副队长3名，其中研究员2名、副研究员4名，助理研究员（馆员）8名，在各自单位内担任所长、馆长、书记及副馆长等领导职务的5名。

▼ 在眉县召开的宝鸡市第三次全国文物普查田野调查启动仪式暨眉县文物普查动员大会合影

▼ 太白山文物普查合影

▲ 金台区田野调查前合影

为了保证金台区、渭滨区、陇县、陈仓区文物普查工作的顺利开展，我们邀请西北大学的 12 名研究生和 2 名学生参加了参加普查工作。

宝鸡市文物普查队以科学发展观为指导思想，以实事求是为基本原则，以高度的职业责任心，做到三个第一，要务第一多跑点，责任第一保平安，质量第一严把关。

▼ 千阳县田野调查验收会合影

宝鸡市文物普查队

队 长

刘军社

副队长

辛怡华　陈 亮　田亚岐

队 员（以姓氏笔画为序）

马林怀　王周虎　王 颢　冯 瑞（女）

白茚俊　刘方园　刘军户　刘怀君

刘 新　刘 麟　成舒宇（女）　毕雅静（女）

张 程　张 熙　李亚龙　李伸前　杨水田

杨丙君　杨和平　杨昔慷　杨富科　汪玉堂

沈 波　陈恩乾　屈光辉　庞文龙　赵 鹏

晁 舸　郭正军　高铁泰（女）　曹建宁

黄 勃　惠 荣（女）　景宏伟　温锋锋

慈 平

队友画像

慈 平　李伸前

刘军社队长

人高马大背似山，

胸藏知识万万千。

千呼万唤大发现，

"红衫队长"名声贤。

辛怡华

辛劳普查为国家，

怡情雅致群山爬。

华夏文明苦苦寻，

尔雅书生展才华。

陈 亮

科长陈亮先生，

革履领带西装。

扶风周原一战，

石鼓山上欢颜。

田亚岐

西安乾县人，

凤翔节度使。

三点成一线，

考古在雍城。

李伸前自画像

光阴快似箭，
人生近走完。
回首忆平生，
何时能伸前。

庞文龙

岐山之阳臐茫茫，
多出学究著文章。
金文辩解周朝事，
断字方晓日月长。

马林怀

保家卫国当过兵，
马家军里有名声。
借问住址何处寻，
扶风城隍建筑群。

刘怀君

带绳眼镜挂耳边，
妙语如珠幽默感。
二次普查是队员，
陶片知识不一般。

杨水田

一路高调唱秦腔，
普查队中好搭档。
眼勤嘴勤手脚快，
标本收集满袋装。

刘　麟

麟游刘麟麟稀珍，
麟过麟游影无踪。
任重道远访古路，
铁肩担负踏征程。

王周虎

陇州自古边陲地，
王侯平民知礼节。
周全接待心感恩，
虎步铿锵酒中杰。

陈恩乾

怒目睁睁瞅断崖，
铲到陶片掉下来。
生平深究鬼捣鬼，
制卡绘图显奇才。

杨和平

普查之路漫长长，
红衫军里他最强。
今日平原明日山，
皮卡颠簸各组忙。

杨富科

眼大头圆嘴巴甜，
人送吃喝又送烟。
笑看人生犹如梦，
何愁今世无吃穿。

刘军户

身高五尺九，一路前面走。
遗迹那里寻，常在断崖瞅。
笑少语言稀，吃饭不积极。
到处找遗珍，搬回古垃圾。

屈光辉

塄边跳，崖下跃。
断崖寻找瓦渣窖。
不懂问，苦钻研。
有劳有逸非等闲。

曹建宁

博物馆长有耐心，
田间地坎遗址寻。
脚到断崖疑无路，
目下陶片现真身。

景宏伟

锦绣雍州原广阔，
宏图得志万象和。
伟业千古秦一帝，
高挂甬钟奏凯歌。

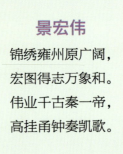

汪玉堂

关中大汉哪里寻？
钓渭田间现真身。
挥汗如雨田间跑，
学识渊博责任心。

张 熙

涉千度渭踏遗珍，
翻山越岭近水寻。
城壕瓦窑徘徊路，
笑看咱是考古人。

李亚龙

膴膴周原一亚龙，
字敲一段烟一根。
有问当年古公事，
此地现有土地神。

王 颢

一县始终他最忙，
中途踏查同样长。
资料收集事一筐，
十指键盘耍滑枪。

黄 勃

自幼师拜张三丰，
考古世家真传人。
三普赶上那一阵，
文武两行吾皆通。

温锋锋

温文尔雅就数他，
文采优美人人夸。
总结写的催泪下，
周原青年展才华。

张 程

普查队中一新秀，
电脑建档势极优。
踏遍山川坎坷路，
流点血汗乐悠悠。

赵 鹏

尊称字号有一鹏，
人如其名志气鸿。
鲲鹏岂是林中物，
直冲云霄搏长空。

冯 瑞

关中西安娃，
求学在西大。
美妙歌喉里，
温柔显尔雅。
年龄为芳华，
才气值得夸。
但见谈吐里，
风采胜群花。

惠 荣

平凹故里出丹凤，
温柔体贴沐春风。
但闻汉唐古都里，
惠施后裔谈笑声。

刘 新

黑边眼镜，白面书生。
飘逸长发，谈笑风生。
话语不多，多才多能。
吉他声里，动感歌声。

高铁泰

男儿之名女儿身，
西凤美酒一口闷。
笑看须眉杯中浅，
唐山巾帼豪爽音。

刘方园

宁静以致远，规矩成方圆。
武功一少年，红衫军一员。
待到十月九，转战大学园。
离开普查队，留下真笑颜。

慈平自画像

一米六九，长相较丑。
直到如今，还没女友。
十五中秋，喝了小酒，
嘻嘻哈哈，依然不愁。
心有理想，奋力追求。
有点成绩，依然不休。
窈窕淑女，当然好逑。
功成之后，不怕没有！

沈 波

家在云南学在陕，
眉清目秀意志坚。
宝鸡三普是一员，
跋山涉水不一般。

毕雅静

成淑宇

白茚骏

杨丙君

杨昔慷

晁 舸

郭正军

▲ 以践行科学发展观为抓手，进一步激发了队员的工作热情。从 2009 年 3 月中旬到 8 月底，宝鸡市各文博单位参加第二批学习实践科学发展观活动。为确保学习实践活动各项要求落到实处、取得实效，并且不影响文物普查工作的进程，在文物普查一线，成立了宝鸡市文物普查队学习实践科学发展观活动小组，将普查队员全部纳入学习实践活动的范围，给每个队员发放学习书籍和统一的"学习实践科学发展观活动读书笔记本"，使学习活动与文物普查有机结合

▲ 一年多来，普查队员放弃舒适的工作环境，放弃和妻儿朝夕相处的天伦之乐，奔走在陈仓大地上。多少个日日夜夜，妻子在期待丈夫的回家，多少个风风雨雨，孩子在念叨着爸爸的归来。苍天无垠，大爱无声，我们的家属默默地承担了这一切而没有一句怨言，她们用实际行动支持着我们的普查工作

▶ 人文关怀，家属慰问——获取队员家属对普查工作更多理解和支持，努力构建普查队和谐氛围。2009年8月18日，为了感谢一年多来普查队员家属对普查工作的支持和理解，普查队邀请普查队员的家属齐聚陇县，游览关山牧场、龙门洞等，观察队员的工作和生活，举办联欢晚会，为队员加油鼓劲

◀ 在太白县的普查过程中，陕西又出现雷电天气。为确保田野工作安全的开展，2009年6月19日，在北京参加全国考古领队培训班的刘军社队长用手机短信告知各组："陕西省气象台今天9：44发布雷电橙色预警信号：预计0～2小时内，汉中大部安康西部宝鸡南部西安西部有雷电发生，出现雷电灾害事故的可能性比较大，你们可能也收到此信息，请务必注意安全"

▼ 宝鸡三普路漫漫，奔波已过十个县。离家在外一年半，家庭重担放一边。妻子顶起半边天，饥寒冷暖常挂念。邀来亲人聚关山，真情长留天地间

熟悉情况

每个县（区）的田野调查开始阶段是最艰难、最关键，也是最紧张的时间，掌握当地有关历史资料和文物点信息尤为重要。

▲ 虽然我们有第一次在麟游县填写国表的经历，并得到了省普查办专家组的肯定，但我们的队员来到千阳以后，仍然一丝不苟，不忘认真学习国表著录说明及样表，手边一直放着我们自己制定的国表填写规范以及说明。对专家组在麟游验收时提出的修改意见，进行了充分的消化吸收；对巡察过程中指出的问题，能虚心接受并及时改正。大家的一个共同心愿——尽我们的最大努力，发挥每个人的最大能量，将国表填写得更好

▲ 各县（区）的行政主管部门在普查队员下乡镇之前，就
◀ 复印好县（区）志、文物地图集、地图等资料，打印好
近年来有关文物点的新线索，有些县（区）为了方便队
员使用，还把资料装订成册

▲ 在进驻各乡镇以后，普查队员阅读县（区）志中的历史沿革、行政建制、地形地貌、土壤气候、山脉水系、文物
遗迹等资料。按照各自乡镇的文物点，填写我们自己制定的国表目录索引，内容包括名称、地点、分类、时代、
地图集、1988 的普查表以及新发现、消失等

跋山涉水

▲ 2008 年 9 月 9 日麟游县，维修自行车

　　宝鸡位于中国内陆中心腹地，关中平原西部，境内地形复杂，北部山区、中部川塬、南部秦岭，山、川、原兼备，以山地、丘陵为主，呈现"六山一水三分田"格局。属于中纬度暖温带，半湿润气候区。大陆性季风气候类型。冬冷夏热，春暖秋凉，四季分明。

　　以"五勤五多"为途径，切实保证了第一手资料的准确性。"五勤五多"即勤动腿，多跑路；勤动手，多记录；勤动嘴，多打问；勤动眼，多观察；勤动脑，多思考。开始普查的时候，我们的要求是"三勤三多"，勤动腿，多跑路，行政村跑到率达到 100%，自然村跑到率也达到 98% 以上；勤动手，多记录，好记性不如烂笔头；勤动嘴，多打问，访问"三老"，少走弯路。勤动眼，多观察，勤动脑，多思考，多问几个为什么。

◀ 整装待发在眉县

▲ 根据眉县的道路交通情况，普查队决定各组队员骑车下乡，距离远的就雇三轮摩托车送至所属乡镇

▼ 队员们骑着自行车走村串户，活跃于田间地头，晴天一身汗，雨天一身泥，遇到河流道路泥泞或自行车损坏的情况，还要自行车"骑人"

在麟游县博物馆院子修理自行车的场面更是热闹。抗震救灾，普查中断两月，自行车（队员戏称"战骑"）由于长时间不用有点泄气，加上从眉县到麟游的长途旅行，身体有些散架。一见面，抹布特别抢手，"战骑"又恢复了往日的精神和光彩；刘麟书记唤来自行车修理工，这下子，气筒抢手，工具抢手，本来自觉地排队等候，有些急性子竟然插队，招来嬉笑与善意的指责。

雨天把大家派下去，于心不忍。可是没有办法，时间不等人。全体队员冒雨奔赴各自的乡镇。

▼ 2008 年 9 月在麟游县

▲▶ 2008 年 4 月在眉县

▼ 眉县、麟游县普查期间，我们的交通工具主要是自行车，在麟游县山区大部分时间是
　用不上的，所以，相当多的文物点是靠两条腿翻山越岭徒步跑出来的

▲ 近年来由于退耕还林、封山育林、移民搬迁，原来的村庄荒芜，小道被林木覆盖，队员们只能披荆斩棘向前进

▼ 2008 年 10 月在千阳县

▼ 腿勤，多跑路，是普查队员的一个基本功

◀2009 年 6 月在太白县

▲ 2008 年 10 月在千阳县

▲ 2008 年 10 月在千阳县

▼ 2009 年初夏，普查队给每位队员配发了红色的 T 恤衫，一来清爽，更重要的是在深山密林中比较醒目，便于互相寻找和联系。网上戏称我们为"红衫军"，后来改为"红三军"，意为"红三方面军"。正是我们的"红三军"，放弃休假，用脚丈量着这里的山山水水；远离妻儿，用汗水浇灌着这里的一草一木；顶着酷暑，用文物人的良知和责任兑现着自己的诺言……

▲ 来到太白、凤县，我们知道了什么是山的巍峨高大，知道了什么是水的逶迤绵长，也才知道了什么是"蜀道难，难于上青天"。可我们有一双不知疲倦的脚，一双不知停顿的手。世界上没有比脚更长的路，世界上没有比人更高的山。我们普查队员恪守着"行万里路，读万卷书"的队训，穿着我们的红衫，用我们的双脚去征服更高的山，去踏遍更长的路

▼ 2009 年 7 月在凤县

▲ 2009 年 5 月在岐山县

◀ 麟游县地广人稀，居住分散，山大沟深，沟壑相间，残塬、丘陵相连，塬面窄小，平地较少，交通不便。如果公路在页岭梁上，遗址必然在沟底，如果公路在沟底或河边，遗址又必然在梁上或台塬或半坡。这对队员是一个严峻的考验

▶ 2009 年 9 月在陈仓区

▼ 在太白、凤县的绿水青山间，不时可以看见红衫的闪动。但来到陇县以后，红衫只是偶尔出现。更多的时候是"黑制服"甚至"迷彩服"。陇县海拔较高，晴天时艳阳高照，只能穿红衫，雨天时天气阴冷，大家都穿上工作服，由于整天在泥水里跋涉，衣服、裤子、鞋子沾满了泥土，又没有晴好天气清洗、晾晒，只好天天穿着这身斑驳的衣服出发。远远望去，大家穿的好像是"迷彩服"

▶ 西山，处于宝鸡最西端，山大沟深，人迹罕至。自然条件极其艰苦，经济不发达。我们普查队员在重重大山里一步一步踏查。没有道路，没有人烟，除了山还是山。为了寻找一个文物点，往往要在灌木丛、荆棘丛中穿行数个小时。脸上、胳膊上被树枝和荆棘划出一道道血痕，汗水不时滴在伤口上，更是火辣辣的疼，伤口上撒盐，普查队员恐怕体会的最深刻了

▲ 2009年9月在陈仓区

▼ 2009年9月23日，陈仓区县功镇普查小组去清凉山复查清凉山寺庙遗址。前几天刚下过雨，山里的土路仍然十分泥泞。普查队员乘坐的农用车"突突突"地冒着黑烟，就是不前进，后来只好步行。经过3个小时的跋涉，终于到达海拔约1400米的山顶。忙活了2个小时，采集完数据，已经快3点了，大家的肚子已经咕咕地叫个不停

◀ 2009 年 6 月在太白县

▼ 2009 年 9 月在陈仓区

▼ 鞋底粘上了厚厚的泥巴,甩都甩不掉,越走越重。没有办法只好用手铲不时地刮掉再走

► 2009 年 8 月在陇县

► 2008 年 9 月在麟游县

► 2009 年 6 月在太白县

▲ 走在山间的小道上，没有都市的喧哗，没有车水马龙的街道，有的只是小鸟的喳喳声，有的只是溪水的汩汩声，有的只是深一脚，浅一脚的跋涉……

▼ 2009 年 3 月在扶风县

◀2009 年 2 月在凤翔县

▼ 复查凤翔县汉封乡关村的千阳与凤翔县清代界碑时，其位置在页岭的深山中，自关村到此处约 20 公里，但因封山育林早已无法通行，只有驱车绕道麟游县两亭乡、酒房乡，然后步行崎岖山路至深山中，最终找到了这个文物点。整个路途 260 余公里，过程中的艰辛只有尝过的人知道其中滋味

▲ 2009 年 10 月在陈仓区

▶ 2008 年 5 月在眉县

▲ 2009 年 9 月在陈仓区

▼ 2008 年 9 月在麟游县

► 2008 年 9 月在麟游县

野外调查，是最辛苦的，同时也是最快乐的。套用一个俗语就是"累并快乐着"。当我们气喘吁吁，精疲力竭地爬上一座高山，站在山顶，遥望远方，那种"会当凌绝顶，一览众山小"的惬意感觉实在是无以言表

▲ 2009 年 7 月在凤县

▲ 2009 年 8 月在陇县

▼ 这根木头晃晃悠悠，队员要借助狭窄的崖壁通过，才能找到复查的文物点

▲ 2009 年 8 月在陇县

▲ 2008 年 11 月在金台区

▲ 2009 年 5 月在岐山县

▼ 2009 年 5 月在岐山县

▲ 2009 年 4 月在扶风县

▲ 2009 年 5 月在岐山县

▶ 太白、凤县地处秦岭腹地，陇县、陈仓区地处陇山腹地，
山大沟深，河谷纵横，溪水环绕；山峰重叠，崖高千仞，
壁陡如削。向前看青壁无路，向后看绿崖无间。左侧青
峰四起，右侧翠绿无边。近年来封山育林，人口搬迁，
好多文物点都隐藏在深山密林中。对满山的灌木和草丛，
我们并没有太多的精力去砍出一条小道，只有采用"钻"
字。只要勇于钻进去，敢于爬出来，我们就不怕任何荆
棘灌木

▲ 2008 年 11 月在金台区

◀ 2009 年 7 月在凤县

▲ 2008 年 4 月在眉县

▲ 2009 年 9 月在陈仓区

▼ 2009 年 3 月在扶风县

▲ 2008 年 9 月在麟游县

▲ 2009 年 7 月 2 日上午，我们圆满完成对太白县的普查后，下午直接坐车从太白县奔赴凤县，踏上了新的征程。从 6 月 14 日到宝鸡集中后，截至凤县普查结束（7 月 31 日）共 47 天，我们普查队没有休息一天，没有回家一次，一直奔走在秦岭山区。队员们把对亲人的思念，埋藏在心底，用看不见的电波，维系着对家的眷恋

▲ 2009 年 2 月在凤翔县

▼ 虽然渭滨区、金台区地处市区，交通便利，但是其西部和南部大部分地区属秦岭北麓山区和残塬区，山岭起伏，丘陵连绵，沟壑纵横，地形复杂。2008 年冬季普查期间，山区下了今年的第一场雪，行走十分不便，寻找遗址也就有更大难度

▲ 2008 年 12 月在渭滨区

▲ 2008 年 12 月在渭滨区

▼ 2008 年 12 月在渭滨区　　　　▶ 2008 年 11 月在渭滨区

▲ 十月，是收获的季节。对普查队员来说，两年的风风雨雨，两年的坎坎坷坷，两年的日日夜夜，就要在陈仓区落下帷幕，因此，我们付出了比其他县区更大的热情，更多的心血，更深的感情。因为我们想给自己的普查生活画上一个完美的句号，想给自己的人生画卷上留下浓墨重彩的一笔！

▼ 2008 年 11 月在渭滨区　　▶ 2008 年 12 月在渭滨区

▲ 2009 年 8 月在陇县

▼ 太白山文物普查从 2008 年 7 月 19 日清晨开始，19 日夜大雨，20 日晴，20 日夜大雨，21 日雨，22 日雨。7 月 22 日下午 5 时许终于到达眉县营头镇蒿坪寺，与前来接应的队员会合，历时 4 天 3 晚，顺利完成文物普查任务。此次太白山文物普查，有 26 名普查队员，4 个向导兼背工。成立了数据采集队、安全保障队、后勤保障队、山下接应队。期间淌过冰川遗迹"石头河"、爬上海拔 3767.2 米的太白主峰拔仙台、冒雨闯过太白县、眉县交界的原始森林，克服高山缺氧反应，历经艰险，借宿于大爷海、大文公庙、平安寺⋯⋯

▶ 后勤保障组与背工是普查队的坚强后盾，每到一个休息点他们就会给大家分发食物和水以及药品等

▲ 长时间急行军式的攀爬，使部分队员渐渐落在后面，为了保持联系，突前的数据组给其他组的队员留下路条，指示方向，加油鼓劲

▶ 由于山区通讯不便，一张路条，保持与其他队员的联系

▶ 由于海拔高，普查队员普遍出现缺氧现象，每走一小段都
要坐下休息很长时间，大口地喘气也不能缓解

▼ 2008年7月21日，太白山区下起了倾盆大雨，给每个普查队员沉重打击。在困难面前是继续前进完成普查工作，还是在宿营地等天气好转，经过讨论，我们选择了前者，冒雨下山继续向前挺进

▲ 下山途中路经明星寺，已经走了30多公里山路，大家早已疲惫不堪，在废弃漏雨的庙宇中擦干身上的雨水和汗水，整理自己的装备，胡乱吃几口干粮，又继续奔向下一个文物点

▶ 前往平安寺途中，要经过五道梁，此地山势险峻，陡峭湿滑，在经过 1 天雨中的急行攀爬，使得每个队员都筋疲力尽，体力严重透支，队伍越来越长，大家呼喊着凭借声音彼此联系，在饥饿、寒冷中挑战生理极限，锻炼人的意志

▲ 从中山寺下来，趟过这条小河，就到达了这次太白山专题普查的终点蒿坪寺保护管理站。同时意味着，历时 4 天、风雨兼程的太白山文物普查田野工作胜利结束

◄ 当天夜里，普查队与驴友拥挤在小小的平安寺里，由于床位不够，大家轮换休息，还没轮上的就在门口烤火御寒

访问三老

　　所谓"三老"，即老住户、老教师、老干部。"三老"们对于自己本地的人文历史、文物古迹等情况比较熟悉、了解，每当与他们交谈，我们都受益匪浅，也获得了众多的信息和线索，有些重要的发现就是他们提供的线索。

　　嘴勤，不仅可以了解更多更准确的文物信息，少走弯路，提高工作效率，而且增强了大家和当地群众的沟通能力，也起到了文物宣传的作用。在田野调查期间，我们注意加强对文物普查的宣传，争取当地干部群众的参与。每到一处，只要我们表明身份，说明来意，当地村组干部和广大群众都能给予大力协助，诸如热心解答我们的问题、积极反映有关的信息、提供有价值的线索、主动当向导带路等等，为我们解决了许多困难和问题。真正体现了当地干部群众对文物事业的热爱，对文物普查工作的支持。有了广大干部群众的支持、参与和帮助，我们才能顺利完成这次普查任务。

▲ 2009 年 6 月在太白县

▲ 2009 年 3 月在扶风县

▲ 2009 年 2 月在凤翔县

▲ 2009 年 9 月在陈仓区

◄ 2008 年 10 月在千阳县

▲ 2008 年 5 月在眉县

► 2009 年 3 月在扶风县

▼ 2008 年 4 月在眉县

▲ 2009 年 3 月在扶风县

▲ 2009 年 3 月在扶风县

▼ 2009 年 3 月在扶风县

▼ 2008 年 9 月在麟游县

◀ 2009 年 4 月在扶风县

◀ 2008 年 10 月在千阳县

▼ 2009 年 8 月在陇县

▲ 2008 年 11 月在渭滨区

▲ 在千阳县文家坡乡普查时，队员在寻找北坡遗址时，无意中碰到一位 90 多岁的老人，他叫张喜学（左），准备到村外背柴，我们的队员向老人打听情况，拿相关陶片让老人看，老人看后，给我们队员讲述了村庄近 30 年的变化，带领我们找到了北坡遗址

◀ 2008 年 4 月在眉县

苦苦寻觅

　　文物普查，就是全覆盖式文物调查。对复查文物点，认真阅读《中国文物地图集》或原普查表，深入了解文物点所在村组及具体位置、文物点的时代及其内涵，这样按图索骥，就可以提高工作效率，达到事半功倍的效果；对原来没有文物点的地方，依靠职业的敏锐性，看附近的河流、地理环境等，去仔细踏查和探寻。有时为复查列入《中国文物地图集·陕西分册》中的文物点，要来回寻找四、五个小时，有时甚至要跑三、四次，只怕调查资料有误。队员们靠着一份强烈的责任心，靠着一股坚强的毅力，跑着，寻找着，寻找着，跑着。每天的行走路程基本都在 20 公里左右，多的达到了 40 多公里。苦苦寻觅文物点的队员们的艰辛以及疲惫的身影可以想象得见。

　　文物调查过程中，队员们眼观八方，仔细寻觅。眼勤，队员们练就火眼金睛，处处留心，在保证安全的情况下多多东张西望，尽可能多地发现有价值的文物点。

▲ 2009 年 9 月在陇县

▲ 2008 年 10 月在千阳县

▼ 2009 年 7 月在凤县

▼ 2008 年 10 月在千阳县

▲ 2009 年 9 月在陈仓区

► 2009 年 9 月在陈仓区

▼ 2009 年 7 月在凤县

▼ 2009 年 4 月在扶风县

▲ 2009 年 9 月在陈仓区

▲ 2009 年 7 月在凤县

▶ 烈日下，普查队员带着仪器和设备，一步步地向前迈进。
遥望远方，蜿蜒的山路似乎永远没有尽头。回首身后，
一路的脚印凝结着普查队员的辛劳

▲ 2009 年 3 月在扶风县

▲ 2009 年 3 月在扶风县

▼ 2009 年 5 月在岐山县

在一望无际的绿海中，我们的队员显得是那么的渺小……

在高耸入云的山顶，我们的队员又显得是那么的高大……

在茂密的灌木和茅草中，我们的队员奋力拨开草丛，等待我们的不是文物点，也许是毒蛇，也许是马蜂窝……

由于路途遥远，中午队员不能回住地吃饭，等待我们的不是热气腾腾的饭菜，而是凉水就麻花……

野外归来，等待我们的不是洗去尘土休息，而是忍着蚊虫叮咬，疲惫不堪地整理资料……

▼ 2009 年 7 月在凤县

▼ 2009 年 5 月在扶风

▶ 茫茫原野上，我们孤立无援；广袤天地间，我们挥洒汗水；崇山峻岭中，我们寂寞前行

▶ 2008 年 12 月在金台区

　　有的同志皮肤过敏，长满了红斑，有的同志因为天气酷热，身上出现湿疹，奇痒难忍，坐立不安，有的同志被马蜂蜇伤，有的同志全身多处划伤，有的队员因水土不服拉肚子……但是大家都不愿意掉队，仍坚持带病工作，毫无怨言。

　　就是这样，我们的普查队员没有一个人叫苦叫累，依然坚持在普查第一线。

◀ 2008 年 4 月在眉县

▲ 2008 年 4 月在眉县

▼ 2009 年 7 月在凤县

▲ 当我们翻山越岭、爬沟涉水来到一处世外桃源时，那潺潺的山泉、奇峻的高山、秀美的风光和幽静深处掩藏着的崖居顿时让我们对"天生一个仙人洞，无限风光在险峰"有了更深的感触和体会

▲ 2008 年 10 月在千阳县

▲ 2008 年 4 月在眉县

▼ 2009 年 4 月在岐山县

▲ 2009 年 5 月 在 岐
山，荆棘穿透鞋底
刺破脚掌

▲ 2008 年 11 月在渭滨区

▲ 2008 年 11 月在渭滨区

　　由于普查队员来自不同的单位，加之有些县区有新队员增加，所有人员的年龄、学历、能力、研究方向、经验各不相同，每到一县我们将队员重新进行编组，使每位队员每次都能与不同的搭档组合，各取所长，优势互补。不但队员不停地重新组合，组长人选也有了调整，有好几个组长和组员进行了互换。让每个人都体验一下新的工作岗位上的感受，进行换位思考。据不完全统计，每个队员几乎和新队友的编组都在 10 人次以上。通过这种方式，年龄稍长的队员在与年轻队员工作过程中，

▲ 2008 年 4 月在眉县

◀ 2008 年 10 月在千阳县

▲ 2009 年 6 月在太白县

▶ 文物普查是对文物工作者的考验，它不仅需要参与者要有丰富的专业知识，而且需要有强健的体魄和不怕艰苦、乐观向上的精神。对我们普查队员来说，文物普查就是一次洗礼，从精神到身体的一次涅槃重生

基本掌握了电脑知识，而年轻队员也通过向老队员学习，获得了更多的专业知识；通过这种方式，促进了队员之间人际关系的改善，起到了增进友谊的作用，大家学到的不仅是专业知识，而且结识了更多的朋友；通过这种方式，也促进了各组工作方法的不断改进，经过磨合与互相学习，各组都采用了最科学、最合理、最有效的工作方法。最终达到了弘扬了团结协作的团队精神和努力钻研的进取精神，增进了各个年龄段的普查队员之间的友谊，使得每个人都对搭档有了更多的理解和支持，让枯燥的普查工作中充满乐趣，工作起来得心应手，文物点数大幅度提高。

▼ 交替配合，团结协作——通过不同知识结构、不同年龄段的交叉组合，既增进友谊，又促进工作顺利开展

▲ 2008 年 9 月在麟游县

▲ 2008 年 9 月在麟游县

▲ 2008 年 9 月在麟游县

▲ 2008 年 9 月在麟游县

▼ 2008 年 9 月在麟游县

▲2009 年 8 月在陇县

◀2009 年 8 月在陇县

◀2009 年 8 月在陇县

▼2009 年 8 月在陇县

数据记录

以往的文物普查要求对文物点的文字描述和手绘位置图，填写纸质表格，而本次文物普查需要在文物点上拍摄数码照片，测量 GPS 点，电脑绘制位置图等等，最后还要填入到国家配发的软件中。这就使得我们的数据记录工作必须高标准、严要求，工作任务也就加重了。

手勤，队员要勤拍照片、勤做笔记、勤量尺寸、多测 GPS 点、多采集标本，随时随地记录搜集到的各种信息，力求第一手资料完备。

▲ 2009 年 8 月在陇县

▼ 2008 年 11 月在渭滨区

▲ 2008 年 4 月在眉县

▲ 2008 年 4 月在眉县

▼ 绵绵不绝的秋雨，浇不灭我们普查队员心头的热情；浓厚的雾气，遮不住我们普查队员探索的双眼；泥泞的道路，滑不倒我们普查队员坚定的双脚；巍峨的高山，掩盖不了我们普查队员矫健的身影

▲ 2008 年 10 月在千阳县

▼ 2009 年 9 月陈仓区

◀2009 年 7 月在凤县

▼2009 年 9 月在陈仓区

▼2009 年 9 月在陈仓区

▲ 2009 年 5 月在岐山县

◄ 2009 年 2 月在凤翔县

► 2009 年 2 月在凤翔县

▼ 2008 年 10 月在千阳县

▼ 2009 年 9 月在陈仓区

▲ 2009 年 3 月在扶风县

▶ 队员们就是靠这种不辱使命的赤诚之心，爱岗敬业的奋斗精神，去战胜困难、战胜寂寞；凭着对文物事业的热爱，努力克服困难，高质量完成了普查任务

▼ 2008 年 7 月在太白山上

标本采集

　　采集文物标本是田野调查中一项重要的基础性工作。每到一处文物点上，尤其是古遗址，都要采集一些具有代表性和特殊性的陶片、瓷片、砖块、瓦片或者其他质地的文物残片作为文物标本，通过这些文物标本能够全面反映该遗迹的时代和性质。

▼ 普查队员，每天早出晚归，为保证遗址断代的准确，常常手脚并用，攀爬断崖，有时甚至采用搭人梯的方法采集标本

▲ 2009 年 3 月在扶风县

▲ 2008 年 4 月在眉县

▲ 2009 年 9 月 26 日在陈仓区桥镇
遗址采集龙山筒瓦标本

▲ 2009 年 9 月在陈仓县

▲ 2009 年 9 月在陈仓区

▲ 2009 年 2 月在凤翔县

▲ 2009 年 2 月在凤翔水沟遗址

▲ 2009 年 3 月在扶风县

◀ 2008 年 4 月在眉县

▼ 2009 年 3 月在扶风县

▲ 2009 年 10 月在陈仓区

▲ 2009 年 2 月在凤翔县

▲ 2009 年 4 月在岐山县

▼ 2009 年 2 月在凤翔县　　　▼ 2009 年 2 月在凤翔县　　　▼ 2009 年 7 月在凤县

▶ 2009 年 4 月
在扶风县

▲ 2009 年 8 月在陇县

▲ 2009 年 8 月在陇县

▲ 2009 年 3 月在陇县

▲ 当我们找寻遗址或者陶片大半天一无所得，郁闷不已时，突然峰回路转，不经意间发现了遗址或者陶片时，我们的欣喜若狂只能用"踏破铁鞋无觅处，得来全不费工夫"来形容

▶ 2009 年 3 月在扶风县

▲2009 年 8 月在陇县　　　　　　　▲2009 年 4 月在岐山县

◀2009 年 3 月在凤翔县

▶2009 年 4 月在扶风县

资料整理

资料整理是指野外调查回到室内后进行的一系列工作——清洗陶器标本、标明出土地点及编号、整理照片及 GPS 测点、记录文字资料，最后将所有数据录入电脑。

▲ 2009 年 4 月在岐山县

▲ 2009 年 3 月在扶风县

◀ 2008 年 10 月在千阳县

▲ 2009 年 11 月在渭滨区

▲ 2009 年 9 月在陈仓区

◀ 2008 年 10 月在千阳县

▲ 2009 年 7 月在凤县

▲ 2009 年 9 月在陈仓区

◀ 2009 年 9 月在陈仓区

► 2009 年 9 月在陈仓区

► 灯光下，普查队员围坐在一起，面前堆积着高高的数据和资料，仿佛永远也整理不完。统计表上，不断增加的数字又好像告慰普查队员，你们的辛劳没有白费

▲ 2008 年 4 月在眉县

► 2008 年 9 月在麟游县

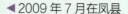
◀ 2009 年 7 月在凤县

▼ 清晨，我们踏着露水，开始了一天的跋涉；中午，我们随地而坐，用馒头、方便面填补一下饥肠辘辘的肚子；傍晚，拖着疲惫的身躯，我们返回驻地；深夜，伴随着电脑的嗤嗤声我们又忙碌着

▲ 2009 年 8 月在陇县

▲ 2009 年 3 月在扶风县

▲ 2009 年 8 月在陇县

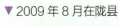

▼ 2008 年 11 月在金台区   ▼ 2009 年 8 月在陇县

▲ 2008 年 12 月在金台区   ▲ 2009 年 3 月在凤翔县

◀ 2008 年 11 月在渭滨区

▲ 2008 年 10 月在千阳县

▲ 2008 年 11 月在渭滨区

▶ 脑勤，队员要从千头万绪
纷繁复杂中取其精华，去
其糟粕，除了完成文物登
记的基本任务外，还要多
问几个"为什么"

▼ 2009 年 4 月在岐山县

▲ 电脑前，普查队员端坐着，手指在不停地敲打着，大脑在不停地思考着，一坐就是四、五个小时，等站起来的时候，腰酸背痛，要扶着椅子慢慢才能站起来缓一缓再活动。两年来，他们付出了更多的精力让野外普查数据变成一个个文物点。12 个县区，最多的打字有 71 万多，都是他们一个字一个字敲打上去

▲ 2009 年 5 月在岐山县

▲ 2009 年 8 月在陇县

标本辨识

▶ 2008 年 10 月
在麟游县

▶ 2008 年 12 月
在渭滨区

　　宝鸡市文物普查队在一年多的田野调查工作中，逐渐摸索出几条行之有效、切实可行的工作方法，并在实际工作不断完善和发展，最终形成"宝鸡经验"。

　　集体会诊，全面提高——通过集体辨识陶片的做法，不仅大大地提高了普查资料的质量，还极大地提高了队员的整体业务水平。

◀ 自麟游县普查以来，文物普查队从野外归来进行室内整理的第一件事就是把所有队员召集起来，由年龄长、经验丰富的老队员逐个对陶片进行讲解和分类。年轻队员聚集在周围，细心地聆听和记录。每到这个时候，老队员那爽朗的讲解声和新队员不时的提问声以及沙沙作响的记录声，共同谱写了一曲和谐奋进、你追我赶的学习之曲

▼ 金台区普查时，我们特意邀请北京大学文博考古学院徐天进教授（右一），和队员一起辨识标本，不仅提高了标本断代的准确性，还为队员提供了学习和提高业务水平的机会

▲ 在凤翔，我们组织队员们辨识标本的时候，北京大学文博考古学院教授（右一）赵化成、国家博物馆研究员（右二）信立祥等来凤翔考察，我们主动邀请几位专家与我们共同辨识标本，提高队员的业务水平，同时使标本的断代更为准确

　　标本辨识就是对从野外采集来的文物标本进行定性和断代。通过标本的时代和性质的确定，标本所属的文物点的时代和性质也就随之明确。一个文物点的时代和性质的准确把握会对该文物点的分类管理、后期研究和保护措施的制定等方面产生重要意义，因此标本辨识是田野调查过程中至关重要的一环。

▼ 2009 年 3 月在凤翔县

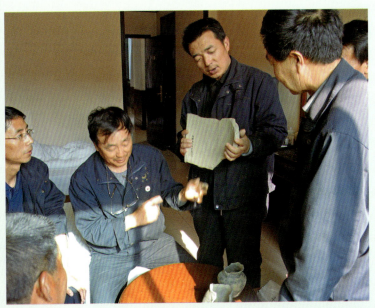

▲ 2009 年 4 月在扶风县

▲ 2009 年 4 月在扶风县

▲ 在陇县大家又围聚在一起，对采集陶片进行识辨、断代、分类。老队员对刚加入普查行列的新队员传授陶器知识

▲ 在陈仓区集中后，这次陶片辨识又有了新的方式。我们采用由各组自行推举主裁，由他为大家讲解。在大家的鼓掌声中，队员落落大方地给大家讲解起来，98% 以上都正确无误

▼ 2008 年 12 月在渭滨区

◀ 以往担任标本辨识的人员主要为田野考古经验丰富的老同志，其他队员在一边仔细观摩，做好笔记，年轻人发表意见的机会并不多。在岐山县普查时普查队决定让长期操作电脑的 7 位年轻队员，分别担任 7 个小组辨识陶片的"首席专家"，考核一下经过这么多县区后年轻队员辨识陶片的能力和水平，虽然很多人因第一次担任"主裁"而显得有些拘谨，但是很快就适应了角色的转换，在辨识标本时相互学习，共同讨论，现场气氛十分活跃，更让我们高兴的是"主裁"们对陶片辨识的准确率达到百分之九十以上，个别人甚至是百分之百，达到了培养锻炼人才的目的

▲ 2009 年 4 月在扶风县

▼ 2009 年 8 月在陇县

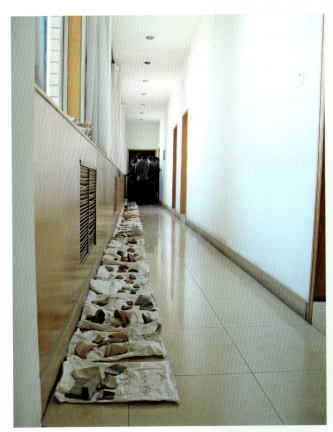

▲ 2009 年 4 月在扶风县　　　　　▲ 2009 年 7 月在凤县

切磋交流

▶ 2009 年 4 月
在扶风县

▶ 2009 年 5 月
在岐山县

　　野外归来，我们对采集的标本、数据进行归纳和分析，用最科学、最翔实、最简练的词汇，严格按照标准登录，及时填写文物普查表格。为了提高质量，利用投影仪把各小组填写的登记表打到墙上，大家共同对表格进行审核，对不足之处进行修改和完善，保证了文物登记表的科学性、正确性。

在麟游县，田野调查结束后，我们第一次组织全体队员观摩学习，按遗址、墓葬、石窟寺与石刻、古建筑等类，用投影仪播放各小队填写的表格，让大家检查各队填写表格是否规范、要素是否完整，甚至到用词、用字、标点符号等是否准确。队员们提出修改意见，其场面甚是激烈，平时的客气劲在这里无影无踪，可贵的是大家提出的修改意见让填表者心服口服。修改后又用投影仪播放，再次接受大家的点评，结果令人满意。将各自表格展现在众人面前，既是相互学习借鉴，又可提高整体队伍的填表水平

▶ 2009 年 3 月凤翔县

▶ 岐山县文化旅游局刘剑峰熟悉当地文史与民俗资料，我们特别邀请他到宾馆给普查队员讲解新发现古建筑壁画的有关内容

▶ 在陈仓区集合后，由于时间紧张，2009 年 10 月 17 日晚，普查队让每个小组随机选出几份表格，全体普查队员围在一起，利用投影仪将表格内容打到墙上，逐字逐句对登记表从语法上、专业上以及规范上进行审核。在昏暗而狭小的房间内，20 多名普查队员有的坐在床上，有的坐在地板上，有的坐在凳子上，头靠着墙壁，聚精会神地看着。时而安静地思考，时而热烈地讨论，直到 18 日凌晨 1 点多才审查完。时间仿佛在这一刻停止了流动，画面在这一时刻定格：烟雾缭绕的房间昏暗而狭小、沙沙作响的投影仪和一群拥挤在一个小房间里翘首相望的普查队员。也许在很多年以后，这一幕将会时常出现在普查队员脑海里

饥渴难耐

田野调查工作一年多以来，在田间地头，在小河小溪边，在杂草丛生的野地里，在尘土飞扬的路旁，在村口，在屋檐下……都成了我们午餐的场所。饿了啃几口馒头、烧饼，就上咸菜，渴了喝点山泉……有的时候饥不择食，山上的野果子、地里的萝卜、苞谷棒等就成了"美食珍品"。

▼ 2008 年 9 月在麟游县

▲ 2008 年 4 月在眉县

▲ 2008 年 4 月在眉县

▲ 2009 年 9 月在陈仓区

▲ 2008 年 9 月在麟游县

▲ 这里是登顶太白山的最后一个休息点，大家吃到了进山以来的唯一一碗热汤面

▲ 2008 年 4 月在眉县

▲ 2008 年 4 月在眉县

▲ 2008 年 10 月在麟游县

▼ 2008 年 4 月在眉县

▲ 2008 年 4 月在眉县

▲ 2008 年 4 月在眉县

▲ 2008 年 9 月在麟游县

▲ 2008 年 4 月在眉县

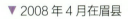

▼ 2008 年 4 月在眉县

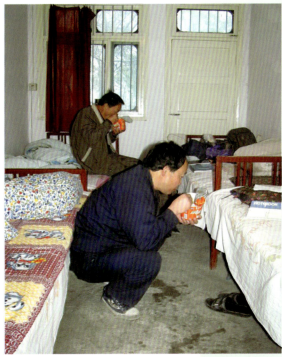

▲ 2009 年 4 月在扶风县

▲ 2008 年 7 月在太白山

无可奈何

在普查工作中，队员们爱岗敬业、无私奉献。有的带病工作，蜂蜇了，虫咬了，也不下火线。上高塬，爬山坡，钻土壕，过沟壑，披荆斩棘，跋山涉水。几乎每天都要干到夜色朦胧才收工回到住地。晚上还要坚持整理资料。队员们毫无怨言，从不计较个人得失，顽强地战斗在普查工作的第一线。

尽管这样，我们也有无可奈何的时候。累了，实在走不动了，蹲在路边……恨不得自己多长几只手……皮卡车、面包车陷入泥潭……够不着陶片……自行车胎破了……为了一张远景照片……

▲ 2009 年 6 月在太白县

▲ 2008 年 10 月在千阳县

▼ 2008 年 9 月在麟游县

▼ 2008 年 4 月在眉县

◄ 2008 年 10 月在千阳县

▲ 2009 年 9 月在陈仓区　　　　　　▲ 2008 年 10 月在千阳县

▲ 2008 年 8 月在陇县

▲ 2009 年 8 月在陇县

▲ 2008 年 9 月在麟游县

▲ 2008 年 10 月在千阳县

◀ 在太白县为了复查一个文物点，皮卡车上路后才发现这是一条完完全全的单行道，无处掉头，只能前行

忙里偷闲

文物普查是一项细致的工作，从每个文物点到每个文物标本，都要付出劳动和汗水，从资料采集到完整的电子文本都凝聚着普查队员们的心血。文物普查工作虽然辛苦，但队员们也有心情舒畅、心花怒放的时候：当听到了领导们问寒问暖的话语，当发现了一个新的文物点，当采集到一个新的从不认识的陶片，当拍摄了一张自我感觉良好的照片，当看到了一幕幕浓郁淳朴的风土人情……

▼ 2008 年 7 月在太白山

▲ 2008 年 7 月 20 日，普查队从大爷海返回文公庙后，在山坡上用石块垒塔纪念此次太白山专题文物普查，普查队员在石块上签名留念

▲ 2008 年 9 月在麟游县

▼ 2009 年 6 月在太白县

▼ 2008 年 10 月在千阳县

▲ 2009 年 8 月在陇县

▼ 2009 年 3 月在扶风县

▶ 2008 年 10 月在千阳县

▶ 2008 年 10 月在麟游县

▶ 2009 年 8 月在陇县

▲ 2008 年 9 月在麟游县

▲ 2009 年 5 月在岐山县

▼ 2008 年 10 月在千阳县

▲ 2008 年 10 月在麟游县

▼ 2009 年 8 月在陇县

◀ 2008 年 9 月在麟游县

▼ 2008 年 9 月在麟游县

◀ 2009 年 9 月在陈仓区

▼ 2008 年 10 月在千阳县

厚厚的黄土，掩盖不了古老的文化；潺潺的河水，冲刷不掉悠久的历史。踏遍宝鸡大地，寻觅珍贵遗产是宝鸡文物人一个光荣而艰巨的历史使命。

2007年第三次全国文物普查的号角吹响之后，我们普查队员怀着对文物事业的热忱，为了一个神圣的目标，历经了风吹雨淋，冒着酷暑严寒，翻越了万道高山深沟，趟过千条溪流小河，克服了无数艰难险阻，用我们的心血和汗水，换来了累累的普查成果，使深埋于地下的古迹重见天日，让隐藏于荒野中的文物大放异彩。

普查期间，我们充分利用汉唐网等媒体，及时将发生在身边的事以图文并茂的形式分享给大家。为了让主题更突出，故事显得更为生动，就以"跋山涉水"、"苦苦寻觅"、"无可奈何"、"饥渴难耐"等为题，予以发表。随着普查的深入进行，我们的总结汇报材料以PPT的形式出现，而且篇、章、节的编排更加细化，引起了大家的兴趣，后来这种汇报材料还上报给了陕西省普查办、国家普查办，得到了充分肯定。于是，我们将十一个县区的汇报材料全部按照这个模式制作。也就是在麟游普

查期间，我们有了普查结束后要出一本按"摸清家底"、"扩大影响"、"锻炼队伍"为主题，以图片为主、文字为辅的图录的想法，并得到了宝鸡市文物局领导的肯定与支持。

2009年10月我们圆满完成了田野调查任务，望着一串串的成果，心里充满着自豪，所有的汗水、所有的饥饿、所有的疲惫、所有的寒冷、所有的伤痛……在这一刻都无足轻重。为了全面展示普查成果，反映队员的团结协作、吃苦耐劳以及陈仓大地父老乡亲无私奉献的精神，2009年12月，我们在十二个县区汇报材料的基础上，编写了《宝鸡市第三次全国文物普查剪影》（以下简称"《剪影》"）一册，与之同时制作了宣传版面。《踏遍宝鸡寻遗珍》就是在《剪影》的基础上，由刘军社、辛怡华、王颢编辑完成的，张程协助校对了书稿。书中的图片除部分由龙剑辉、刘宏斌提供外，其余全部为普查队员拍摄。

本书的编写、出版得到了陕西省文物局、宝鸡市文物旅游局、宝鸡市文物普查办的大力支持，陕西省文物局局长赵荣对书稿提出了宝贵的修改意见，宝鸡市文物旅游局局长杜新民、党组书记任周方给予多方面的支持，副局

长刘宏斌从书稿的定名、图片的选用、篇章的编排等方面提出了宝贵的意见，科学出版社的李茜为本书的及时出版付出了艰辛的努力。我们在此对各位领导的关心、支持、帮助，一并表示衷心的感谢。

　　手持沉甸甸的书稿，我们感慨万千，尽管我们想做到客观全面，但由于水平有限，陈仓大地父老乡亲对我们的帮助，特别是县（区）乡镇干部对我们的支持、县（区）文博战线的同行们对我们的关心以及普查队员的艰辛工作与生活，可能挂一漏万，敬请谅解。

编　者

2011年10月31日